Olaru Const

GHID DE CONVERSAȚIE
PENTRU ÎNCEPĂTORI

Descrierea CIP a Bibliotecii Naționale a României
OLARU, CONSTANTIN
   Ghid de conversație român-englez pentru începători/
Olaru Constantin. – București: Editura My Ebook, 2015
   ISBN 978-606-93162-5-2

81'374.2=135.1=111

©Copyright Editura My Ebook

Olaru Constantin

GHID DE CONVERSAȚIE ROMÂN-ENGLEZ PENTRU ÎNCEPĂTORI

Editura My Ebook
București

CUPRINS – *CONTENTS*

EXPRESII UZUALE – *EVERYDAY PHRASES* 9

Limbile străine – *Speaking Foreign Languages* 9
Formule de salut – *Greetings* 11
Propoziții exprimând o urare – *Wishes* 12
Formule de prezentare – *Introductions* 12
Cum începem o conversație – *Starting a Conversation* 13
Propoziții exprimând o întrebare, o rugăminte – *Questions, Request* 13
Întrebări și răspunsuri – *Questions and Answers* 15
Propoziții exprimând consimțământul – *Agreement* 16
Propoziții exprimând refuzul – *Denial* 17
Propoziții exprimând scuza, regretul – *Apologies, Expressions of Regret* 17
Fixarea unei întâlniri, invitații, vizite – *Appointments, Invitations, Visits* 18
Propoziții exprimând recunoștința – *Thanks* 19
Fraze uzuale – *Common Phrases* 20
Probleme – *Issues* 21

ÎN CĂLĂTORIE – *TRAVELLING* 22

Mașini – *Cars* 23
Autorități – *Authority* 23
Cu trenul – *By Railway* 24
Direcții – *Directions* 26
În avion – *By Air* 27
Cu vaporul – *By Ship* 29
Cu automobilul – *By Car* 30

Sosire. Controlor vamal – *Arrival. Customs Examination* 32
Naţionalitatea – *Nationality* 33
Banii. Schimbul – *Money. Currency Exchange* 34
Numerale. Măsuri. Greutăţi. Operaţii aritmetice – *Numerals. Measures. Weights. Arithmetical Operations* 35

LA HOTEL – *AT THE HOTEL* 39

Expresii generale – *General Expressions* 39
Încălzirea – *Heating* 41
Seara – *In the Evening* 42
Dimineaţa – *In the Morning* 42

ÎN ORAŞ – *GETTING ABOUT TOWN* 44

Cum ne orientăm – *Asking one's Way* 45
Transportul urban – *City Transport* 46
Vizitarea oraşului – *Seeing the Sights* 48
Indicatoare, semne – *Notices, Signs* 50

LA RESTAURANT – *IN A RESTAURANT* 52

Expresii generale – *General Expressions* 54
Micul dejun – *Breakfast* 57
Prânzul şi cina – *Lunch and Dinner* 58
Baruri – *Bars* 62

LA CUMPĂRĂTURI – *SHOPPING* 63

Expresii generale – *General Expressions* 63
La băcănie – *At a Grocer's Shop* 66
Legume şi fructe – *At a Greengrocer's/Fruiterer's* 67
La bombonerie – *At a Sweet-Shop* 68
La magazinul de încălţăminte – *At a Shoe Shop* 68
La librărie – *At a Bookseller's* 69
La papetărie – *At the Stationer's* 71
Ziare – *Newspapers* 72
La tutungerie – *At the Tobacconist's* 72
La un magazin universal – *At a Department Store* 73

Confecţii bărbaţi – *Gentelman's Outfitter* 74
Confecţii femei – *Ladies' Dress Department* 76
Stofe – *Materials* 76
Galanterie – *Haberdashery* 77
Pălării – *Hats* 78
Tricotaje – *Knitted Goods* 78
Raionul cosmetică – *Cosmetic Department* 79
Bijuterii – *Jewellery* 79
Aparate electrice – *Electrical Appliances* 80
Obiecte de porţelan şi sticlă – *China and Glassware* 80
Mobilă – *Furniture* 81
Instrumente muzicale – *Musical Instruments* 82
Articole sportive – *Sports Goods* 82
Instrumente optice – *At the Optician's* 83
La florărie – *At a Flower Shop* 84
La un magazin de artizanat – *At a Folk and Craft Shop* 84

LA OFICIUL POŞTAL – *AT THE POST-OFFICE* 86

Convorbire telefonică – *Speaking on the Phone* 87
Corespondenţă – *Writing a Letter* 89

SĂNĂTATEA – *HEALTH* 90

Expresii generale – *General Expressions* 91
La doctor – *At the Doctor's* 92
La dentist – *At the Dentist's* 93
La farmacie – *At the Chemist's* 94

DISTRACŢII, OCUPAŢII ÎN TIMPUL LIBER –
AMUSEMENTS, PASTIMES 95

Expresii generale – *General Expressions* 95
Cinema – *Cinema* 96
Teatru – *Theatre* 97
Muzică. Operă. Concert – *Music. Opera. Concert* 98
Dansul – *Dancing* 99
Muzee şi expoziţii – *Museums and Exhibitions* 100

Radioul şi televiziunea – *Radio and Television* 101
Fotografia – *Taking Pictures* 103
În excursie – *Going on a Trip* 103

SPORT – ***SPORTS*** 106

TIMPUL – ***THE TIME*** 111

VREMEA – ***THE WEATHER*** 115

SERVICII – ***ESSENTIAL SERVICES*** 118

La croitorie – *At the Tailor's (Dressmaker's)* 118
La cizmar – *At the Shoemaker's* 120
La frizerie/coafor – *At the Hairdresser's* 121

ÎNVĂŢĂMÂNTUL ŞI CERCETAREA ŞTIINŢIFICĂ –
EDUCATION AND SCIENTIFIC RESEARCH 123

Expresii generale – *General Expressions* 123
Şcoala primară/secundară – *Primary/Secondary School* 124
Universitatea – *University* 125
Lectura – *Books and Reading* 127
Cercetarea ştiinţifică – *Scientific Research* 128

PROFESIUNI, MESERII – ***PROFESSIONS, TRADES*** ... 130

FAMILIA, GRADE DE RUDENIE – ***FAMILY,***
RELATIONSHIP 137

Vârsta, înfăţişarea – *Age, Appearance* 138
Casa, grădina – *House, Garden* 139

CULORI. ÎNSUŞIRI – ***COLOURS. QUALITIES*** 142

❏ EXPRESII UZUALE – *EVERYDAY PHRASES*

➤ Limbile străine – *Speaking Foreign Languages*

Vorbiți englezește? Puțin – *Do you speak English ?*
Cunosc doar câteva cuvinte – *Just a little. I only know a few words.*
Nu vorbesc/înțeleg prea bine englezește – *I don't speak/understand English very well.*
Nu cunosc îndeajuns engleza pentru a mă face înțeles – *I don't know enough English to make myself understood.*
Cunoștințele mele de engleză sunt foarte sărace – *My English is very poor.*
Vorbiți bine englezește – *You speak good English.*
Dv. aveți o pronunție englezească impecabilă – *Your pronunciation of English is practically faultless.*
Unde ați învățat englezește? – *Where have you learnt English ?*
Vorbiți englezește aproape la fel de bine ca românește – *You speak English almost as well as Romanian.*
Mă înțelegeți? – *Do you understand me?*
Nu prea vă înțeleg – *I don't quite understand you.*
Ce limbi vorbiți? – *What languages can you speak?*
Nu am aptitudini pentru limbi (străine) – *I'm not good at languages.*
De cât timp învățați engleza? – *How long have you been learning English?*
O învăț de aproape cinci ani – *I've been learning it for almost five years.*
Nu prea am prilejul să conversez – *I don't get enough practice in conversation.*
Cum merge cu engleza? – *How are you getting on with your English?*
Merge bine – *I'm getting on all right.*

Cunoștințele dv. de engleză s-au îmbogățit – *Your English has improved.*
Am uitat aproape totul – *I've forgotten almost everything.*
Găsiți că engleza este o limbă grea? – *Do you find English difficult?*
Urmăriți ceea ce spun? – *Are you with me?*
Vreți să repetați (să mai spuneți o dată)? – *Would you mind repeating that (saying that again)?*
Mi se pare că românii vorbesc foarte repede – *It seems to me that the Romanians talk very quickly.*
El vorbește românește curgător – *He speaks Romanian fluently.*
Îmi lipsește exercițiul – *I'm out of practice.*
Se folosește în vorbirea curentă? – *Is it used in actual speech?*
Să vorbim românește – *Let's talk in Romanian.*
Cum se spune în românește? – *What's that called in Romanian?*
Nu-mi amintesc cum se spune în românește la ... – *I can't remember the Romanian for ...*
Să căutăm acest cuvânt în dicționar – *Let's look up this word in the dictionary.*
Cum se scrie? – *How do you spell it?*
Aceasta este o expresie literară. – *Is this a literary expression?*
Ce înseamnă acest cuvânt? – *What does this word mean?*
Cum se pronunță acest cuvânt? – *How do you pronounce this word?*
Vreți să vorbiți puțin mai rar? – *Would you speak a little slower?*
Nu folosiți acest cuvânt argotic – *Don't use this slang word.*
Unde cade accentul? – *Where is the stress?*
Am învățat câteva cuvinte și expresii românești – *I have picked up a few Romanian words and phrases.*
Am încă dificultăți în citirea/înțelegerea/, vorbirea limbii române – *I still find it difficult to read/understand/speak Romanian.*
Întâmpin multe dificultăți în pronunțarea limbii române – *I have quite a lot of trouble with my Romanian pronunciation.*
De ce nu luați lecții? – *Why don't you take lessons?*
Aveți ocazia să vorbiți românește acasă? – *Do you get any opportunity for practicing Romanian at home?*

➢ **Formule de salut** – *Greetings*

Bună dimineaţa – *Good morning.*
Bună ziua – *Good afternoon.*
Bună Seara – *Good evening.*
Noapte bună – *Good night.*
Salut! – *Hallo!*
Mă bucur că vă revăd – *How nice to see you again.*
Nu ne-am văzut de mult, nu-i aşa? – *We haven't met for a long time, have we?*
Nu v-am văzut de săptămâni/de un car de ani – *I haven't seen you for weeks/for ages.*
Ce aţi făcut în acest timp? – *What have you been doing all the time?*
Unde aţi fost? – *Where've you been?*
Mi-aţi lipsit – *I have missed you.*
Aţi fost plecat? – *Have you been away?*
Ce bine că v-aţi întors! – *Oh, how nice to have you back!*
Cum vă simţiţi? – *How are you feeling?*
Ce face familia? – *How's your family?*
Ne vedem luni – *See you on Monday.*
Pe curând – *See you later (I'll be seeing you).*
Cum vă merg treburile? – *How are things?*
Trebuie să plec. Ne vedem mai târziu – *I must go now. See you later.*
Îmi pare rău că plecaţi – *I'm sorry to see you go.*
Nu trebuie să plecaţi încă, nu-i aşa? – *You haven't to leave yet, have you?*
Nu plecaţi. Mai staţi, vă rog – *Don't go yet. Please, stay.*
Nu vă grăbiţi, nu-i aşa? – *You're not in a hurry, are you?*
Ne vom vedea mâine, nu? – *We'll see you tomorrow, shan't we?*
Sper că ne vom mai vedea – *I hope we'll meet again.*
Ne va face plăcere să vă vedem duminică – *We're looking forward to seeing you on Sunday.*
Transmiteţi tuturor salutări din partea mea – *Give my regards to everybody.*
A fost o plăcere pentru mine să vă cunosc – *It's been a pleasure meeting you.*
Complimente soţiei dv. – *Remember me to your wife.*

Mi-a părut bine că v-am văzut. Întoarceți-vă curând – *I've enjoyed seeing you. Come back soon.*

➢ **Propoziții exprimând o urare** – *Wishes*

Distracție plăcută! – *Have a good time!*
Vă doresc petrecere plăcută – *I hope you'll enjoy yourself.*
La mulți ani! – *Happy birthday to you!*
Vă doresc la mulți ani (cu ocazia zilei onomastice/de naștere) – *I wish you many happy returns of the day.*
Noroc! Numai bine! – *Good luck! All the best!*
Vă doresc un An Nou – *I wish you a Happy New Year*
În sănătatea dv.! (Noroc) – *Here's to you! (As a toast).*
Vreau să vă felicit cu ocazia – *I'd like to congratulate you on your marriage.*
Felicitările mele – *My congratulations to you.*
Îngrijiți-vă! (Menajați-vă!) – *Take care of yourself!*
Călătorie plăcută! – *Have a good journey!*

➢ **Formule de prezentare** – *Introductions*

Permiteți-mi să vă prezint pe dl. ... – *Allow me to introduce Mr. ... to you.*
Încântat să vă cunosc – *Pleased (glad) (delighted) to meet you.*
Încântat. (Îmi pare bine) – How do you do?
Nu cred că ne-am mai cunoscut – *I don't think we have met before.*
Pot să mă prezint? Mă numesc ... – *May I introduce myself? My name is ...*
Îl cunoașteți pe dl..., nu-i așa? – *You know Mr...., don't you?*
Nu, nu cred că-l cunosc. – *No, I don't think so.*
Dl. ..., un prieten, dna ... – *Mr..., a friend of mine, Mrs....*
Vreau s-o cunoașteți pe doamna ... – *I want you to meet Mrs ...*
Ați cunoscut-o pe doamna ... ? – *Have you met Mrs. . . ?*
Da, desigur. Am făcut cunoștință cu ea anul trecut. – *Yes, certainly. I made her acquaintance last year.*
De ce nu mi-ați spus că-l cunoașteți? – *Why didn't you say you knew him?*

Nu l-am văzut niciodată – *I've never seen him before.*
O cunosc din vedere/după nume – *I know her by sight/by name.*

> ➤ **Cum începem o conversație** – *Starting a Conversation*

Iertați-mă că vă întrerup, dar aș vrea să vă vorbesc – *Sorry for interrupting you, but I should like to speak to you.*
Deranjez? – *Am I intruding?*
Sunteți foarte ocupat acum? – *Are you very busy at the moment?*
Mi-ați putea acorda o clipă? – *Could you spare me a moment?*
Pot vorbi ceva cu dv.? – *Can I have a word with you?*
Aș putea să-l văd, vă rog? – *Could I see him, please?*
Vă pot ajuta? – *Can I help you?*
Cu ce vă pot fi de folos? – *What can I do for you?*
Aș vrea doar să vă spun că . . . – *I'd just like to tell you that . . .*
Ei bine, iată cum stau lucrurile – *Well, you see it's like this.*
Pot să vă întreb ceva? – *May I ask you a question (something)?*
O doamnă vrea să vorbească cu dv. – *There's a lady who wants to see you.*
Mergeți în direcția mea? Să mergem împreună – *Are you going my way? Let's walk along together.*
Ce credeți despre. ..? – *What do you think of...?*
Aceasta îmi amintește de . . . – *That reminds me of...*

> ➤ **Propoziții exprimând o întrebare, o rugăminte** – *Questions, Request*

Ce doriți? – *What do you want?*
Pe cine căutați? – *Who are you looking for?*
Pe cine pot întreba? – *Who can I ask?*
Unde îl/o găsesc? – *Where do I find him/her?*
La ce servește aceasta? – *What's it for?*
Cine v-a spus aceasta? – *Who told you that?*
Cum așa? – *How's that?*
Ce s-a întâmplat? – *What's happened?*
Ce vreți să spuneți cu aceasta? – *What do you mean by this?*
S-a întâmplat ceva? – *Is there anything wrong?*

Nu vă place? – *Don't you like it?*
Ce este aceasta? – *What's that?*
Ce veşti? – *What news?*
Ce este cu aceasta? – *What about it?*
Vă pot ajuta cu ceva? – *Is there anything I can do for you?*
Pot să vă cer un serviciu? – *May I ask you a favour?*
Mi-aţi putea face un serviciu? – *Could you do me a favour?*
Desigur, despre ce este vorba? – *Certainly, what is it?*
Îmi puteţi spune unde este? – *Can you tell me where it is?*
Cunoaşteţi locul? – *Do you know the place?*
Ce propuneţi? – *What do you suggest?*
Ce vă face să spuneţi asta? – *What makes you say that?*
Ce importanţă are? – *What difference does it make?*
Ce credeţi despre asta? – *What do you think of that?*
Pe care îl vreţi? – *Which one do you want?*
Unde mergeţi (vă duceţi)? – *Where are you going?*
Unde aţi auzit asta? – *Where did you hear that?*
Unde să-l/s-o pun? – *Where shall I put it?*
Când îi aşteptaţi? – *When do you expect them?*
Când plecaţi? – *When are you leaving?*
De ce aţi întârziat atât? – *Why are you so late?*
De ce aţi făcut asta? – *Why did you do that?*
Este în ordine, nu? – *It's all right, isn't it?*
Nu-i aşa că nu-i adevărat? – *It isn't true, is it?*
Merită? – *Is it any good?*
Aţi pierdut ceva? – *Have you lost anything?*
Vă puteţi descurca? – *Can you manage?*
Am o rugăminte – *I've got a request to make.*
Pot să împrumut stiloul dv.? – Vă rog – *May I have your pen? – Please do.*
Pot lua o ţigară, vă rog? – *May I have a cigarette, please?*
Poftiţii Serviţi-vă! – *Here you are! Help yourself.*
Vă pot deranja pentru un foc? – *May I trouble you for a light?*
Aveţi ceva împotrivă dacă fumez? – *Do you mind if I smoke?*
Ţineţi aceasta puţin – *Hold this for a minute.*
Lăsaţi-o pe masă – *Leave it on the table.*
Puneţi-l acolo, vă rog – *Put it there, please.*

Arătaţi-mi cum să fac – *Show me how to do it.*
Deschideţi uşa, vă rog – *Open the door, please.*
Închideţi uşa, vă rog – *Shut the door, will you.*
Vreţi să faceţi aceasta pentru mine? – *Will you do this for me?*
Permiteţi-mi să vă ajut – *Allow me to help you.*
Vreţi, vă rog, să-mi daţi o mână de ajutor? – *Will you, please, give me a hand?*
Vă rog să mă anunţaţi cât mai curând posibil – *Please, let me know as soon as possible.*
Şedeţi aici – *Sit here.*
Nu vă grăbiţi – *Take your time.*
Vreţi să vă ocupaţi de această chestiune imediat? – *Would you see to that matter right away, please?*

> **Întrebări şi răspunsuri** – *Questions and Answers*

Sunteţi gata? – Încă nu – *Are you ready? – No, not yet.*
Ceva serios? – Nu, nu-i nimic grav – *Anything serious? – No, nothing really seriuos.*
Sunteţi sigur? – Foarte sigur – *Are you sure? – I'm positive.*
Vă place? – Nu în mod deosebit – *Do you like it? – Not particularly.*
Cum vă simţiţi azi? (Cum o duceţi?) – Bine, mulţumesc – *How are things with you today? – Fine, thanks.*
Cum de aţi uitat?– Nu ştiu – *How is it you forgot?– I don't know.*
Nu ne-am mai cunoscut cândva? – Ba da, dar nu-mi amintesc unde – *Haven't we met before? – Yes, but I can't remember where.*
E o promisiune? – Se înţelege că da – *Is that a promise? – I should say so.*
S-a întâmplat ceva? – Am crezut că mi-am uitat cheile – *Is anything wrong? – I thought I'd forgotten my keys.*
Pot să stau împreună cu dumneavoastră? – Da, vă rog – *May I join you? – Please do.*
Cine sunteţi dumneavoastră? – Sunt un prieten al lui Ion – *Who are you? – I'm a friend of John's.*
Cine este? – Eu sunt – *Who's that? - It's me.*
Unde aţi fost? – La coafor – *Where have you been? – To the hairdresser.*

Unde mergem? – Să mergem la un spectacol – *Where shall we go? – Let's go to a show.*
Ce faceţi aici? – *What are you doing here?*
O aştept pe prietena mea – *Waiting for my girl friend.*
Ce aţi făcut toată ziua? – Am lucrat – *What have you been doing all day? – Working.*
Ce spune omul acela? – Habar n-am – *What's that fellow saying? – I've no idea.*
Ce i-aţi spus? – Nu i-am spus nimic – *What did you tell him? – I didn't tell him anything.*
Vă duceţi mâine acolo? – Nu cred – *Will you be going there tomorrow? – I don't think so.*
Nu-i aşa că i-aţi văzut? – Desigur – *You saw them, didn't you? – Of course.*

➤ **Propoziţii exprimând consimţământul** – *Agreement*

Da, într-adevăr – *Yes, indeed.*
Desigur (Fireşte) – *Of course.*
Da, este adevărat – *Yes, that's true.*
Sunt sigur de asta – *I'm sure of that.*
Aşa este – *So it is.*
Înţeleg. Foarte bine – *I see. Very well.*
Da, întocmai – *That's right.*
Chiar aşa este – *Quite so.*
Cred că da – *I think so.*
Negreşit (În orice caz) – *By all means.*
Da, ar fi mai bine s-o faceţi – *Yes, you'd better do it.*
E o idee bună – *That's a good idea.*
Va fi foarte bine – *That will do nicely.*
E tocmai ceea ce am dorit – *It's just what I wanted.*
Sunt întru totul de acord cu dv. – *I quite agree with you.*
Aceasta este şi părerea mea – *That's my opinion, too.*
Cred că ştiu ce vreţi să spuneţi – *I think I know what you mean.*
Aţi avut totuşi dreptate – *You were right after all.*
Se înţelege de la sine – *That goes without saying.*
Trebuie să recunosc că . . . – *I don't mind admitting that...*

Nu există nici o îndoială în această privință – *There's no doubt about that.*
De acord – *That's agreed.*

➢ Propoziții exprimând refuzul – *Denial*

Categoric nu! – *Certainly not!*
Nu, nu vă pot spune – *No, I can't tell you.*
Regret, nu știu – *Sorry, I have no idea.*
Nu, n-o voi face – *No, I won't do it.*
Nu vreau să vin – *I don't want to come.*
Nici nu mă gândesc să fac așa ceva – *I'll do nothing of the kind.*
Cred că greșiți – *I think you're wrong.*
Vă înșelați – *You are mistaken.*
Nu este adevărat – *That isn't true.*
Nu aceasta este problema – *That's not the question.*
Asta nu are nici o legătură cu chestiunea – *That's beside the point.*
Nu văd de ce – *I don't see why.*
Nu văd ce rost are aceasta – *I can't see much sense in it.*
Sunt împotriva acestui lucru – *I object to that.*
Nu-mi pasă – *I don't care!*
Așa ceva nu se face – *It's simply not done.*
Nu admit aceasta – *I won't stand that!*

➢ Propoziții exprimând scuza, regretul – *Apologies, Expressions of Regret*

Îmi pare așa /foarte/ extrem de rău – *I am so /very/ awfully sorry.*
Nu-i nimic (Nu face nimic) – *Oh, it's quite all right.*
Sincer vorbind, nu mi-am dat seama că procedez greșit – *Honestly, I had no idea I was doing wrong.*
Nu face nimic – *Never mind!*
Scuzați, v-am făcut să așteptați – *Sorry, I have kept you waiting.*
Nicidecum. Nu are importanță – *Not at all! It doesn't matter.*
Vă rog să mă iertați, nu am vrut să vă jignesc – *Forgive me, I didn't mean to offend you.*
Am greșit! – *I have made a mistake!*

Vă deranjez? Nu mi-am dat seama – *Am I in your way? I didn't realize that.*
Scuzați-mă, îmi caut locul. Vreți să mă ajutați, vă rog? – *Excuse me, I'm looking for my seat. Would you help me please?*
Vă rog să mă scuzați. Poftim? Vreți să repetați? – *I beg your pardon. Pardon? Would you mind repeating that?*
Nu vă pot spune – *I'm afraid I can't tell you.*
Îmi pare rău de dv. – *I feel sorry for you.*
Din păcate, nu voi sta mult – *Unfortunately, I'm not going to stay long.*
Păcat – *That's too bad.*
Ghinion! Dar n-am avut de ales, nu-i așa? – *It's bad luck! But we didn't have any choice, did we?*
Sper că nu veți regreta – *I hope you won't regret it.*
Nu vreau să vă jignesc, dar . . . – *I don't want to hurt your feelings, but ...*
Nu mi-o luați în nume de rău dacă vă spun adevărul – *Don't take it amiss if I tell you the truth.*

➢ Fixarea unei întâlniri, invitații. Vizite – *Appointments, Invitations, Visits*

Să fixăm o întâlnire pentru săptămâna viitoare – *Let's make an appointment for next week.*
Miercurea viitoare vă convine? – *Will next Wednesday suit you?*
Îmi convine foarte bine – *That would do perfectly*
Miercuri sunt liber – *I'll be free on Wednesday.*
Unde ne întâlnim? – *Where shall we meet?*
Vreți să-l vedeți într-o chestiune de afaceri? – *Do you want to see him on business?*
Puteți fixa o întrevedere prin telefon sau în scris – *You can arrange an interview by phone or by letter.*
Trebuie să iau legătura cu el – *I have to get in touch with him.*
Mă poate primi? – *Is he ready to see me?*
Veniți pe la mine duminică – *Come and see me on Sunday.*
Vreți să luați prânzul împreună cu mine? – *Do you want to come and have lunch with me?*

Vreau să vă invit la mine la prânz – *I want to invite you to lunch.*
Dacă veniți la Londra să dați pe la mine – *You must look me up if you come to London.*
Treceți în ce zi doriți – *Call any day you like.*
E bine dacă vin duminică? – *Will it matter if I come on Sunday?*
Nu ați vrea să mergeți cu mine la teatru? – *What about coming to the theatre with me?*
Aș fi încântat(ă) – *I should love to.*
Din păcate, am o altă obligație – *Unfortunately, I have another engagement.*
Ați vrea să facem o plimbare? – *Would you like to come for a walk?*
Ați vrea să veniți la mine să bem ceva? – *Would you care to come to my flat and have a drink?*
Sper că poate să vină și prietenul dv. – *I hope your friend can join us.*
Scuzați-mă, dl. ... este acasă? – *Excuse me, is Mr. ... in?*
Regret, domnul ... a ieșit – *I'm sorry, Mr... is out.*
Știți când se întoarce? – *Do you know when he'll be back?*
Am să trec mai târziu – *I'll call later.*
Ați dori să-i lăsați vreun mesaj (o scrisoare)? – *Would you like to leave any message?*
Spuneți-i că l-am căutat – *Just tell him I called.*
Vreți să așteptați afară? – *Would you mind waiting outside?*
Pe aici, vă rog – *Will you come this way, please?*
Intrați, vă rog! – *Come in, please!*

> **Propoziții exprimând recunoștința – *Thanks***

Vă mulțumesc – *Thank you.*
Vă mulțumesc foarte mult pentru ajutor – *Thank you very much for your help.*
Multe mulțumiri – *Many thanks (Thanks a lot).*
Mulțumesc că m-ați anunțat la timp – *Thanks for letting me know in time.*
Vă sunt foarte îndatorat – *I'm much obliged too you.*
Pentru nimic! Vă ajut cu plăcere – *Don't mention it! I'm glad to heap yon.*
N-aveți pentru ce! (Pentru nimic!) – *It's all right!*

19

Este foarte drăguț din partea dv. – *That's very kind of you*
Nu vă pot spune cât vă sunt de recunoscător – *I can't say how grateful I am to you.*
Apreciez foarte mult acest lucru – *I appreciate it very much.*
Aș face orice să mă pot revanșa – *I'd do anything to help you in return.*
Transmiteți-i mulțumirile mele pentru ... – *Give him my thanks for ...*

➢ Fraze uzuale – *Common Phrases*

Salut. – *Alo. Hello.*
Bună. – *Hi.*
Ce mai faci? / Ce mai faceți? – *How are you?*
Bine, mulțumesc. – *Fine, thanks.*
Cum te cheamă? – *What's your name?*
Numele meu este _____ . – *My name is _____ .*
Încântat de cunoștiință. – *Pleased to meet you.*
Te rog / Vă rog. – *Please.*
Mulțumesc. – *Thanks.*
Cu plăcere. – *With pleasure.*
Da. – *Yes.*
Nu. – *No.*
Scuză-mă / Scuzați-mă. – *Excuse me.*
Scuză-mă / Scuzați-mă. – *Sorry.*
Îmi pare rău. – *I'm sorry.*
La revedere – *Good bye.*
Pa – *Bye.*
Nu vorbesc engleza. – *I don't speak English.*
Vorbiți româna? – *Do you speak Romanian?*
Vorbește cineva de aici româna? – *Does anyone here speak Romanian?*
Vorbiți franceză? – *Do you speak French?*
Vorbește cineva de aici franceză? – *Does anyone here speak French?*
Ajutor! – *Help!*
Bună dimineața. – *Good morning.*
Bună seara. – *Good evening.*
Noapte bună. – *Good night.*

Nu înțeleg. – *I don't understand.*
Unde este baia? – *Where is the bathroom?*
Taxi! – *Taxi!*
Duceți-mă la _____, vă rog. – *Please take me to _____.*
Cât costă până la _____? – *How much does it cost to get to _____?*
Duceți-mă acolo, vă rog. – *Please take me there.*

➤ Probleme – *Issues*

Lasă-mă în pace. – *Leave me alone.*
Nu mă atinge / atingeți! – *Don't touch me!*
Chem poliția. – *I'll call the police.*
Poliția! – *Police!*
Stai! Hoț! – *Stop! Thief!*
Am nevoie de ajutor. – *I need help.*
Este o urgență. – *It's an emergency.*
M-am pierdut... – *I'm lost...*
Mi-am pierdut bagajele. – *I've lost my luggage.*
Mi-am pierdut portmoneul. – *I've lost my wallet.*
Sunt bolnav. – *I'm ill.*
Sunt rănit. – *I'm hurt.*
Am nevoie de un doctor. – *I need a doctor.*
Pot să folosesc telefonul tău / dvs.? – *Can I use your phone?*

❏ ÎN CĂLĂTORIE – *TRAVELLING*

a călători – *to travel*
un călător – *a traveller, a passenger*
o excursie – *a trip*
a face o excursie – *to make a trip – a journey*
bagajele – *the luggage*
a ajunge la – *to arrive at, to reach*
o valiză – *a suitcase, a bag*
a trece prin vamă – *to go through the customs*
frontieră – *the border*
a traversa frontiera – *to get across the border*
un pașaport – *a passport*
a merge în străinătate – *to go abroad*
aeroportul – *the airport*
un avion – *a plane*
pilotul – *the pilot*
echipajul – *the crew*
stewardesa – *the (air) hostess*
fixați-vă centurile de siguranță – *fasten your seat belts*
a decola – *to take off*
a ateriza – *to land*
cu mașina – *by car*
un camion – *a lorry, a truck*
un autobuz – *a bus*
un drum – *a road*
o autostradă – *an express way*
costul unui bilet – *the fare*
un bilet numai dus – *a single ticket, a one-way ticket*
calea ferată – *the railway*
cu trenul – *by train*

un loc liber – *a vacant seat*
o excursie pe mare – *a sea trip*
o bicicletă – *a bicycle, a bike*
o motocicletă – *a motorcycle*
un vapor – *a ship*
a rămâne în pană – *to break down*
o staţie de benzină – *a filling station*
benzina – *petrol, gas*
orarul – *the timetable*
a conduce cu viteză maximă – *to drive at full speed*
a conduce repede – *to drive fast*
autocar – *coach*

➢ **Maşini** – *Cars*

Vreau să închiriez o maşină. – *I want to rent a car.*
Primesc asigurare? – *Do you provide insurance?*
stop (*semn de circulaţie*) – *Stop.*
sens unic – *One way.*
limită de viteză – *speed limit*
benzinărie – *gas station*
benzină – *gasoline*

➢ **Autorităţi** – *Authority*

N-am făcut nimic. – *I haven't done anything.*
A fost o neînţelegere. – *It was a misunderstanding.*
Unde mă duceţi? – *Where are you taking me?*
Sunt arestat? – *Am I under arrest?*
Sunt un cetăţean român/moldovean. – *I am a Romanian/Moldovan citizen.*
Vreau să vorbesc cu ambasada/consulatul român/moldovean. – *I want to talk to the Romanian/Moldovan embassy/consulate.*
Vreau să consult un avocat. – *I want to talk to a lawyer.*
Pot doar să plătesc o amendă acum? – *Can I just pay a fine now?*

➤ Cu trenul – *By Railway*

Trenul acesta merge la ... ? – *Does this train go to ...?*
Regret, nu vă pot spune – *Sorry, I can't tell you.*
Acesta trebuie să fie vagonul meu – *This must be my carriage.*
Vă rog, acesta este vagonul C? – *Is this carriage C, please?*
Am venit la Bucureşti în interes de afaceri (serviciu) – *I've come to Bucharest on business.*
Cu ce tren mergeţi? – *What train are you going by?*
Voi merge la gară să mă interesez de mersul trenurilor – *I'll go to the station and inquire about the trains.*
De la ce gară pleacă trenurile spre ... ? – *What station do the trains to ... leave from?*
Ce trenuri sunt spre ...? – *What time do trains leave for ...?*
Este vreun tren devreme dimineaţa/după masa? – *Is there a train early in the morning/the afternoon?*
Este vreun tren direct până la Timişoara? – *Is there a through train to Timişoara?*
La ce oră pleacă trenul următor? – *When is the next train after that?*
Unde trebuie să schimb trenul? – *Where must I change trains?*
La ce oră soseşte? – *What time does it arrive?*
Vreau să întrerup călătoria la Cluj-Napoca – *I'd like to break the journey at Cluj-Napoca.*
Merg cu rapidul/expresul/personalul – *I'm going by express/fast/passenger train.*
Aveţi o legătură foarte bună – *You have a very good connection.*
Vă rog, un bilet pentru ... – *I want a ticket to ..., please.*
Un bilet clasa întâi până la .... vă rog. – *One 1st class single to .... please.*
Vreau să mi se rezerve două cuşete într-un compartiment. – *I want to make a reservation for two berths in one compartment.*
Cât costă? – *How much is it?*
Trenul este în staţie? – *Is the train in?*
Trenul întârzie – *The train is late.*
Să vă aduc nişte ziare/reviste de la chioşc? – *Shall I get you some newspapers /magazines at the newsstand?*

Vreți ceva de citit în tren? – *Do you want anything to read on the train?*
Acum trebuie să mergem pe peron – *We must go on the platform now.*
Acesta este trenul de București? – *Is this the Bucharest train?*
Voi reuși să prind trenul – *I'll manage to catch the train.*
Am pierdut trenul – *I've missed the train.*
Mă bucur că ați venit să mă conduceți – *I'm glad you came to see me off.*
De la ce linie pleacă trenul? – *What platform does the train leave from?*
Linia 6, la dreapta – *Platform 6, on the right.*
Aceasta este linia 6? – *Are we right for platform 6?*
Țineți biletul la îndemână – *Have your ticket ready!*
Când trebuie să sosească în stație? – *When does the train get in? (When is it due in?)*
Grăbiți-vă, trenul este gata de plecare – *Hurry up, the train's just about to start.*
Compartimentul acesta este rezervat? – *Is this compartment reserved?*
Este un vagon pentru fumători sau nefumători? – *Is it a smoker or a non-smoker?*
Este vreun loc liber aici? – *Any free seats in here?*
Sunt ocupate toate locurile? – *Are all seats occupied?*
Ați vrea să schimbați locul cu mine? – *Would you like to change seats with me?*
Pot să vă ofer locul meu? – *May I offer you my seat?*
Vă rog să mă ajutați să pun geamantanul în plasă – *Help me to put the suitcase on the rack, please.*
Trebuie să găsesc vagonul de bagaje – *I've got to find the luggage van.*
Vreau să mă asigur dacă geamantanul meu a fost pus în tren – *I want to make sure that my trunk has been put on the train.*
Trenul pornește – *The train is starting.*
Închideți/deschideți radiatorul, vă rog *Turn off/on the heating, please.*
Este prea cald/rece aici – *It's too hot/cold in here.*
Ce stație este aceasta? – *What station is this?*
Cât timp oprește în ...? – *How long do we stop at ...?*
Unde trebuie să schimb pentru ...? – *Where must I change for ...?*

Ce supliment trebuie să plătesc pentru vagonul de dormit? – *What is the additional charge I would have to pay for a sleeper?*
La ce oră sosim la Cluj-Napoca? – *What time do we get to Cluj-Napoca?*
Trenul are vagon-restaurant? – *Is there a restaurant car on the train?*
Unde este vagonul-restaurant? – *Where's the dining car?*
Am ajuns? – *Have we arrived?*
Unde este ieşirea? – *Where's the exit?*
Unde este biroul de bagaje? – *Where's the luggage office?*
Unde este sala de aşteptare – *Where's the waiting room?*
Vreau să merg la agenţia de voiaj – *I want to go to the travel agency.*
Îmi place sa călătoresc fără bagaje – *I like to travel light.*
Biletele, vă rog! – *Tickets, please.*
Cât costă biletul spre _____? – *How much is a ticket to _____?*
Un bilet până la _____, vă rog. – *A ticket to _____, please.*
Unde merge acest tren/autobuz? – *Where does this train/bus go?*
Unde este trenul/autobuzul spre _____? – *Where is the train/bus to _____?*
Opreşte acest tren/autobuz în _____? – *Does this train/bus stop in _____?*
Când pleacă acest tren/autobuz la _____? – *When does this train/bus depart to _____?*
La ce oră ajunge acest tren/autobuz în _____? – *When does this train/bus arrive in _____?*

> **Direcţii** – *Directions*

Cum ajung la _____? – *How do I get to _____?*
...gară? – *...the railway station?*
...staţia de autobuz? – *...the bus station?*
...aeroport? – *...the airport?*
...centru? – *...the city centre?*
...căminul pentru tineri? – *...a youth hostel*
...hotelul _____? – *... the _____ Hotel?*
...consulatul român/moldovean? – *...the Romanian/Moldovan consulate?*

...ambasada român/moldovean? – ...*the Romanian/Moldovan embassy?*
Unde se află multe... – *Where would I find a lot of...*
...hoteluri? – ...*hotels?*
...restaurante? – ...*restaurants?* ( )
...cluburi de noapte? – ...*nightclubs / bars / dance clubs?*
...cluburi? – ...*bars?*
...atracţii turistice? – ...*tourist attractions?*
Poţi / Puteţi să-mi arătaţi pe hartă – *Can you show me on the map?*
stradă – *street*
La stânga. – *On the left.*
La dreapta. – *On the right.*
La stânga. – *Turn left; Go left; Take a left.*
La dreapta. – *Turn right; Go right; Take a right.*
stânga – *left*
dreapta – *right*
înainte – *straight ahead*
spre ____ – *towards (the)* ____
după ____ – *past (the)* ____
înainte de ____ – *before (the)* ____
Atenţie la ____. – *Look out for (the)* ____; *Watch out for* ____
intersecţie – *crossing; intersection; crossroads*
nord – *north*
sud – *south*
est – *east*
vest – *west*
în sus – *downhill*
în jos – *uphill*

➤ **În avion** – *By Air*

Mergeţi acolo cu avionul? – *Are you going there by air?*
Când plecaţi cu avionul la...? – *When are you flying to...?*
Vreau să călătoresc (să merg) cu avionul – *I want to travel (to go) by air.*
Există un serviciu aerian direct între... şi...? – *Is there a direct airline (connection) between...and...?*

Cu câte zile înainte, trebuie să iau biletul de avion? – *How many days in advance must I book my air ticket?*
Va trebui să luați bilet de avion cu o săptămână înainte – *You'll have to book your air ticket a week in advance.*
La ce oră pleacă autobuzul spre aeroport? – *When does the coach for the airport leave from here?*
Când pleacă avioanele de pasageri spre...? – *When do passenger planes leave for...?*
Cât bagaj se poate lua în avion? – *How much luggage is one allowed?*
Pe ce rută mergem? – *What's the route of our plane?*
La ce oră decolează avionul? – *What time does the plane take off?*
Pe care aeroport va ateriza avionul? – *Which airport will the plane land on?*
Unde facem escală? – *Where do we touch down on our way?*
Cum suportați zborul? – *How do you take to flying?*
Mă simt prost (Îmi face rău) – *It makes me feel bad (ill, sick).*
Câte curse aeriene sunt de la... la ...? – *How often do planes run between... and ...?*
Va trebui să schimbați avionul la...*You'll have to change to another plane in...*
La ce altitudine zburăm? – *At what altitude are we flying now?*
Vedeți ceva pe fereastră? – *Can you see anything out of the window?*
Zburăm prin nori deși – *We're flying through thick clouds.*
Vizibilitatea este slabă – *Visibility is rather poor.*
Ați simțit zdruncinătura? – *Did you feel that bump?*
Ar fi bine să vă fixați centura de siguranță – *You'd better fasten your belt.*
Avionul se învârtește deasupra aeroportului – *The plane is circling the airfield.*
Încetinește/aterizează – *It is losing speed/landing.*
Aterizarea a fost perfectă – *The landing was perfect.*
Poftiți numărul de bord – *Here's your boarding pass.*
Bagajul dv. a fost cântărit și înregistrat? – *Has your luggage been weighed and labelled?*
A fost o călătorie foarte plăcută – *We had a very comfortable journey.*
Cu ce avion ați călătorit? – *What did you fly?*

Am călătorit cu un nou tip de turboreactor de pasageri – *We flew a new jet propelled passenger liner.*
A fost o cursă fără escală? – *Was it a non-stop flight?*
De la Londra la București faceți șase ore cu avionul – *You can fly from London to Bucharest in six hours.*
Prefer să călătoresc cu avionul decât cu trenul – *I prefer flying to travelling by train.*

➢ **Cu vaporul** – *By Ship*

Vreau să merg cu vaporul – *I want to travel by ship.*
Vreau să iau un bilet de vapor clasa a treia pentru. . . – *I want to book a third class passage to...*
Când pleacă vaporul nostru spre...? – *When does our liner start for...?*
De unde se cumpără bilete pentru...? – *Where am I to book my ticket for the...?*
Voi călători la clasa întâi – *I'll travel first class.*
Cât durează călătoria? – *How long does the passage last?*
De unde pleacă feribotul? – *Where does the boat-train leave from?*
Când va ridica ancora? – *When is the steamer going to sail?*
Vasul se află la chemi numărul opt – *The steamer lies at quay No. 8.*
Vaporul acesta face escală la...? – *Does this ship call at...?*
Cât durează escala? – *How long does the ship stop here?*
Să urcăm pe bord – *Let's go on board.*
Unde este cabina doisprezece, vă rog? – *Where's cabin No. 12, please?*
O clipă! Stewardul vă va conduce la cabina dv. – *Just a moment! The steward will show you to your cabin.*
Câte cușete are cabina? – *How many berths are there in the cabin?*
Ați călătorit vreodată cu vaporul? – *Have you ever travelled on board a ship?*
Este prima dată când călătoresc pe mare – *This is the first time I am on a sea going ship.*
Ne îmbarcăm mâine la ora nouă – *We sail tomorrow at 9.*
Nu vreți să veniți pe punte? – *Won't you come on deck?*
Să căutăm niște șezlonguri – *Let's look for some deck chairs.*
Nu este prea rece ca să ședem? – *Isn't it too cool to sit down?*

Marea este liniștită/agitată? – *Is the sea smooth/rough?*
Intrăm în larg – *We are getting out in the open sea.*
Vasul are tangaj puternic – *The boat is pitching(rolling) heavily.*
Hai să coborâm în cabină – *Let's go down below to the cabin.*
Am rău de mare – *I feel seasick.*
Ce să iau împotriva răului de mare? – *What am I to do against seasickness?*
Vaporul intră în port? – *Is the boat entering the harbour?*
Da, debarcăm – *Yes, we are landing.*
Este un far în depărtare? – *Is that a lighthouse in the distance?*
Urcați pe bord! – *Come aboard*
Vă doresc călătorie plăcută – *I hope you'll have a pleasant voyage.*

> ➤ **Cu automobilul** – *By Car*

Ați călătorit cu mașina tot drumul din Anglia? – *Have you driven all the way from England?*
Da, îmi place foarte mult să șofez – *Yes, I enjoy driving very much.*
Ce marcă aveți? – *What make is your car?*
Câte mile ați parcurs cu automobilul dv.? – *How many miles have you made in your car?*
De când aveți mașina? – *How long have you had your car?*
Ați avut vreun accident grav? – *Have you had any serious accidents?*
Mașina dv. pare să fie în stare perfectă – *Your car seems to be in perfect condition.*
Motorul funcționează ireproșabil – *The engine runs perfectly.*
Cu ce viteză poate merge pe oră? – *How many miles per hour does it travel?*
Porniți motorul și dați înapoi – *Get the engine started and reverse the car.*
Trageți aici – *Pull up here!*
Rezervorul trebuie umplut – *The tank wants refilling.*
Trebuie să găsim o stație de benzină – *We must find a filling (petrol) station.*
Când ați schimbat uleiul ultima dată? – *When did you last change the oil?*
Să mă uit la radiator – *Let me have a look at the radiator.*

S-a întâmplat ceva? – *What's wrong with it?*
Motorul pare a fi supraîncălzit – *The engine seems to be overheated.*
Puteți controla presiunea la roți, vă rog? – *Could you check the pressure in the wheels, please?*
Unde este roata de rezervă? – *Where's the spare wheel?*
Roata de rezervă este dezumflată. Nu se umflă – *The spare is flat. It won't pump up.*
Probabil că e o pană de cauciuc – *There's probably a puncture in the tyre.*
Știți să schimbați cauciucul? – *Do you know how to change the tyre?*
Bateria pare să fie aproape descărcată/consumată – *The battery seems to be weak/flat.*
Când ați încărcat-o? – *When did you have it charged?*
Aveți niște bujii? – *Have you got any sparking-plugs?*
Bujiile trebuie înlocuite – *The plugs need replacing.*
Mașina a rămas în pană – *The car has broken down.*
Farurile din spate nu funcționează – *The rear lights won't work.*
Trebuie să fie un scurtcircuit – *There must be a short circuit.*
Farurile din față sunt în ordine? – *Are the headlights all right?*
Voi duce mașina la un atelier de reparații – *I'll take the car to the repair-shop.*
Frânele nu funcționează – *The brakes are out of order.*
Mașina trebuie neapărat spălată – *The car wants cleaning badly.*
Mergem pe șoseaua principală? – *Shall we drive by the main road?*
Strada aceasta duce în șoseaua principală? – *Will this street bring us to the main road?*
Nu putem trece pe aici – *We can't go this way.*
Este o stradă cu sens unic? – *Is this a one way street?*
Conduceți încet, drumul e alunecos – *Drive slowly, the road is slippery.*
Care este viteza maximă admisă în această zonă? – *What is the speed limit for this area?*
Respectați viteza legală – *Don't exceed the speed limit.*
Trebuie să încetinesc aici? – *Must I slow down here?*
Unde este stopul? – *Where are the traffic lights?*
Vreți să opriți la intersecție, vă rog? – *Will you stop at the crossroads, please?*

Doriți să vă duc cu mașina? – *Do you want a lift?*
Mă puteți duce cu mașina? – *Can you give me a lift?*
Nu este destul loc în mașină – *There won't be enough room in the car.*
Mașina are numai două locuri – *The car seats only two. (It's a two-seater).*
Unde să vă las? – *Where shall I drop you?*
Aveți permis de conducere? – *Have you got a driving licence?*
Parcare – *Parking.*
Parcarea interzisă – *No Parking.*

> **Sosire. Controlor vamal –** *Arrival. Customs Examination*

Unde vreți să mergeți? – *Where do you want to go?*
Vreau să merg la: – *I want to go to:*
– un hotel – *a hotel*
– o pensiune – *a boarding house*
– ambasadă – *the embassy*
– bancă – *the bank*
– biroul de pașapoarte – *the Passport Office*
Arătați-mi pașaportul dv., vă rog – *Show me your passport, please.*
Care este numele de familie? – *What is your surname?*
Spuneți-mi adresa dumneavoastră, vă rog – *Tell me your address, please.*
Care este scopul vizitei dv. aici? – *What is the purpose of your visit to this country?*
Cât timp intenționați stați? – *How long do you intend to stay?*
Pașaportul meu este în ordine? – *Is my passport in order?*
Vreau să-mi prelungesc viza – *I want to have my visa extended.*
Unde se face control al bagajelor? – *Where do they examine the luggage?*
Aveți ceva de declarat? – *Have you anything to declare?*
Câtă valută englezească aveți asupra dv.? – *How much English money have you got?*
Am 20 de lire numerar – *I've got 20 pounds in cash.*
Valută străină sau cecuri? – *Any foreign money or checks?*
Nu am bagaj – *I have no luggage.*
Acesta este tot bagajul meu – *This is all the luggage I have.*

Nu am decât niște cadouri – *I have only got some presents.*
Se plătește vamă pentru aceasta? – *Are they liable to duty? (Is there any duty on it?)*
Trebuie să completați o declarație vamală – *You must fill in a customs declaration.*
Obiectele acestea sunt de uz personal? – *Are these things for your private use?*
Cât trebuie să plătesc? (Cât am de plătit?) – *How much have I to pay?*
Vă rog să deschideți geamantanul pentru control – *Open your suitcase for examination, please.*
Puteți închide geamantanul – *You may close your bag again.*
Este în ordine! Puteți trece – *That's all right! You may pass on.*

➢ **Naționalitatea** – *Nationality*

Sunt englez – *I am English.*
Noi suntem români – *We are Romanian.*
De unde sunteți? – *Where do you come from?*
Din ce țară sunteți? – *What country are you from?*
El este: – *He is:*
– african – *African*
– albanez – *Albanian*
– american – *American*
– australian – *Australian*
– austriac – *Austrian*
– bulgar – *Bulgarian*
– chinez – *Chinese*
– cubanez – *Cuban*
– ceh – *Czech*
– olandez – *Dutch*
– egiptean – *Egyptian*
– finlandez – *Finnish*
– francez – *French*
– german – *German*
– grec – *Greek*
– ungur – *Hungarian*
– indian – *Indian*

– italian – *Italian*
– japonez – *Japanese*
– norvegian – *Norwegian*
– polonez – *Polish*
– spaniol – *Spanish*
– suedez – *Swedish*
– elveţian – *Swiss*
– turc – *Turkish*
– iugoslav – *Yugoslav*
El este din America Latină – *He comes from Latin America.*
Sunt cetăţean britanic – *I am a British subject.*

➤ **Banii. Schimbul** – *Money. Currency Exchange*

Este vreun birou de schimb prin apropiere? – *Is there an exchange office anywhere around?*
Alături se află un birou de schimb – *There's an exchange office next door.*
Vă rog să-mi schimbaţi... – *Please, change...*
Nu am mărunţiş – *I haven't got any small change.*
Care este cursul? – *What's the rate of exchange?*
Vreau să încasez nişte cecuri de călătorie – *I want to cash some traveller's cheques.*
Puteţi să-mi schimbaţi această bancnotă de cinci lei? – *Can you change this five lei note?*
În monede de un leu, vă rog – *One leu coins change, please.*
Vreţi să completaţi acest cec? – *Will you write out this check?*
Am numai hârtii (bani) mari – *I have only large change.*
Am: – *I have:*
– o bancnotă de o sută de lei – *a hundred lei-note*
– o bancnotă de zece lei – *a ten-lei note*
– o monedă de douăzeci şi cinci de centi – *a twenty five-cents piece*
– o monedă de cinci centi – *a five-cents piece*

➢ **Numerale. Măsuri. Greutăți. Operații aritmetice** – *Numerals.*
Measures. Weights. Arithmetical Operations

Numărați până la o sută: – *Count one hundred:*
unu – *one*
doi – *two*
trei – *three*
patru – *four*
cinci – *five*
șase – *six*
șapte – *seven*
opt – *eight*
nouă – *nine*
zece – *ten*
unsprezece – *eleven*
doisprezece – *twelve*
treisprezece – *thirteen*
paisprezece – *fourteen*
cincisprezece – *fifteen*
șaisprezece – *sixteen*
șaptesprezece – *seventeen*
optsprezece – *eighteen*
nouăsprezece – *nineteen*
douăzeci – *twenty*
douăzeci și unu – *twenty-one*
douăzeci și doi – *twenty-two*
douăzeci și nouă – *twenty-nine*
treizeci – *thirty*
treizeci și unu – *thirty one*
patruzeci – *forty*
patruzeci și unu – *forty one*
cincizeci – *fifty*
cincizeci și unu – *fifty one*
șaizeci – *sixty*
șaizeci și unu – *sixty one*
șaptezeci – *seventy*
șaptezeci și unu – *seventy one*

optzeci – *eighty*
optzeci şi unu – *eighty one*
nouăzeci – *ninety*
nouăzeci şi unu – *ninety one*
o sută – *a hundred*
Câte cărţi are această bibliotecă? – *How many books does this library contain?*
o sută una – *one hundred and one*
o sută douăzeci – *one hundred and twenty*
două sute – *two hundred*
trei sute – *three hundred*
patru sute – *four hundred*
cinci sute – *five hundred*
şase sute – *six hundred*
o mie – *one thousand*
două mii – *two thousand*
o sută de mii – *a hundred thousand*
un milion – *a million*
1000 – *a (one) thousand*
2000 – *two thousand*
1.000.000 – *a (one) million*
1.000.000.000 – *a (one) billion*
1.000.000.000.000 – *a (one) trillion*
numărul – *Number*
jumătate – *half*
jumătatea – *half*
mai puţin – *less*
mai mult – *more*
El/ea este: – *He/she is:*
primul, prima, întâiul, întâia – *the first*
al doilea, a doua – *the second*
al treilea, a treia – *the third*
al patrulea, a patra – *the fourth*
al cincilea, a cincea – *the fifth*
al şaselea, a şasea – *the sixth*
al şaptelea, a şaptea – *the seventh*
al optulea, a opta – *the eighth*

al nouălea, a noua – *the ninth*
al zecelea, a zecea – *the tenth*
al unsprezecelea, a unsprezecea – *the eleventh*
al doisprezecelea, a douăsprezecea – *the twelfth*
al treisprezecelea, a treisprezecea – *the thirteenth*
al paisprezecelea, a paisprezecea – *the fourteenth*
al cincisprezecelea, a cincisprezecea – *the fifteenth*
al şaisprezecelea, a şaisprezecea – *the sixteenth*
al şaptesprezecelea, a şaptesprezecea – *the seventeenth*
al optsprezecelea, a optsprezecea – *the eighteenth*
al nouăsprezecelea, a nouăsprezecea – *the nineteenth*
al douăzecilea, a douăzecea – *the twentieth*
al douăzeci şi unulea, a douăzeci şi una – *the twenty first*
al douăzeci şi doilea, a douăzeci şi doua – *the twenty second*
al treizecilea, a treizecea – *the thirtieth*
Îmi place cel mai mult: – *I like best:*
al patruzecilea, a patruzecea – *the fortieth*
al cincizecilea, a cincizecea – *the fiftieth*
al şaizecilea, a şaizecea – *the sixtieth*
al şaptezecilea, a şaptezecea – *the seventieth*
al optzecilea, a optzecea – *the eightieth*
al nouăzecilea, a nouăzecea – *the ninetieth*
al o sutălea, a o suta – *the hundredth*
o dată – *once*
de două ori – *twice*
de trei ori – *three times*
de patru ori – *four times* etc.
Am zeci de cărţi – *I have scores of books.*
Are vreo zece creioane – *He has some ten pencils.*
Care este procentajul? – *What's the percentage?*
Vreau trei la sută – *I want three per cent.*
Eu cântăresc 65 de kg – *I weigh 65 kilos.*
Am înălţimea de 1,82 m – *I am 1.82 m tall.*
Am perimetrul toracic de 85 de cm – *I measure 85 cm round the chest.*
Camera aceasta are o lungime de 15 m, lăţimea de 9 m şi înălţimea de 5 m – *This room is 15 m long, 9 m wide, and 5 m high.*

Marea Nordului are o adâncime mai mică de 200 de m – *The North Sea is less than 200 m deep.*
Lumina se propagă cu o viteză de 300 000 de km pe secundă – *Light travels at a rate of 300.000 km a second.*
Azi noapte a fost o temperatură de aproape 20°C sub zero – *We had nearly 20 degrees of frost last night.*
În zona aceasta limita de viteză pentru autovehicule e de 30 km pe oră – *In this area the speed limit for cars is 30 km an hour.*
Suprafața acestui câmp e de 10 ha – *The area of this field is ten hectares.*
Cântăriți la fel ca ea? – *Do you weigh as much as she does?*
Care sunt operațiile aritmetice? – *What are the arithmetical operations?*
– adunarea – *addition*
– scăderea – *subtraction*
– înmulțirea – *multiplication*
– împărțirea – *division*
Cât fac 8 ori 8? – *What are 8 times 8?*
Cât se obține dacă se înmulțește 9 cu 12 ? – *What is the answer if you multiply 9 by 12?*
Cât rămâne dacă se scade 15 din 75? – *What remains if you subtract 15 from 75?*
Cât fac 5 plus 6 plus 7? – *What do 5 plus 6 and 7 add up to ?*
Împărțiți 60 la 5 – *Divide 60 by 5.*
2 și cu 3 fac 5 – *2 and 3 is five.*
Pătratul lui 7 e 49 – *The square of 7 is 49.*
Acest cerc are un diametru de 2 cm – *This circle has a diameter of 2 cm.*

❏ LA HOTEL – *AT THE HOTEL*

şedere, sejur – *stay*
fără locuri libere/plin – *no vacancy/ full*
recepţie – *reception*
cazare – *accomodation*
cameră pentru o persoană – *single room*
cameră pentru două persoane – *double room*
cameră pentru o noapte – *room for the night*
cameră disponibilă – *room available*
paturi identice (alăturate) – *twin beds*
robinet – *tap* (GB), *faucet* (US)
a rezerva/a face o rezervare – *to reserve/ to book, to make a reservation*
a căra bagajele – *to carry the luggage*
a comanda – *to order*
a plăti în avans – *to pay in advance*
a da un acont – *to pay a deposit*
a pleca (a părăsi hotelul) – *to check out*

➤ Expresii generale – *General Expressions*

La ce hotel intenţionaţi să staţi? – *What hotel do you intend staying at?*
Aveţi camere libere? – *Have you any accommodation?*
Aţi rezervat o cameră, domnule? – *Have you booked a room, sir?*
Vreau o cameră la etajul întâi – *I want a room on the first floor.*
Ce fel de cameră doriţi? – *What kind of room do you want?*
Doresc o cameră cu un pat/cu două paturi – *I want a single/double room.*

Am o cameră cu un pat/cu duş/baie la etajul patru – *I have a single room with shower/bath on the 4th floor.*
Vă convine? – *Will that suit you?*
Puteţi folosi liftul – *There's a lift you can use.*
Camera aceasta îmi convine/nu îmi place – *This room suits/doesn't suit me.*
Cât doriţi să staţi? – *How long do you want to stay?*
Îmi puteţi spune care este tariful? – *May I ask what the charge is?*
Tariful cuprinde şi serviciul? – *Does the tariff include the service as well?*
Duceţi, vă rog, bagajul în cameră – *Please, have my things brought up to my room.*
Daţi-mi, vă rog, cheia – *Give me the key of my room, please.*
Ce număr are camera mea? – *Which is my room number?*
Aveţi camera 90, poftiţi cheia – *Your room is number 90 and here's your key.*
Vreţi, vă rog, să completaţi acest formular? – *Will you, please, fill in this form?*
– numele – *surname*
– prenumele – *Christian name*
– naţionalitatea – *nationality*
– locul naşterii – *where born*
– data naşterii – *date of birth*
– domiciliul stabil – *permanent address*
– semnătura – *signature*
Doriţi să plătiţi acum? – *Do you want to pay now?*
Dacă doriţi ceva, sunaţi – *Ring the bell if you want anything.*
Unde las cheia când ies? – *Where shall I leave the key when I go out?*
Vă rog să încuiaţi uşa – *Lock your room, please.*
Vreau să merg la: – *I want to go to the:*
– frizerie – *barber's shop*
– restaurant – *restaurant*
– bar – *cocktail bar*
Astă seară aştept un prieten – *I'm expecting a friend tonight.*
Aţi putea să-l trimiteţi sus? – *Could you send him up?*
Vreţi să-i spuneţi să-mi lase vorbă când revine? – *Will you tell him to leave me a message when to expect him back?*

Spuneți-i că mă întorc într-o oră – *Tell him I'll be back in an hour.*
Mă puteți suna (deștepta) la ora șapte dimineața? – *Can I be called at seven o'clock in the morning?*
Puteți să-mi aduceți micul dejun în cameră la ora opt? – *Could I have breakfast in my room at eight?*
Aveți unde să-mi garați mașina? – *Have you anywhere to put my car?*
Nu vreau s-o las în stradă – *I don't want to leave it parking in the street.*
După colț se află un garaj – *There's a garage just round the corner.*
Plec mâine dimineață – *I'm leaving tomorrow morning.*
Pregătiți-mi nota de plată la ora opt, vă rog – *Have my bill ready by 8 o'clock, please.*
Portar, te rog, cheamă un taxi – *Porter, get me a taxi, please.*
Pune-mi geamantanele în taxi – *Have my cases put into the taxi.*
Când vă întoarceți domnule? – *When will you be back, Sir?*
Cred că mă întorc peste două săptămâni – *I expect I'll be back in a fortnight.*

➤ **Încălzirea** – *Heating*

Este: – *It's:*
– prea cald – *too warm*
– cam frig – *rather cold*
– plăcut – *nice and warm*
Funcționează instalația de încălzire centrală? – *Is the central heating on?*
Va trebui să dăm drumul la radiator – *We shall have to put on the radiator.*
Camera este supraîncălzită – *The room is overheated.*
Camera mea nu se încălzește bine – *My room can't be heated properly.*
Eu nu pot dormi într-o cameră rece/încălzită – *I can't sleep in a cold/heated room.*
Radiatorul electric nu funcționează – *The electric radiator doesn't seem to work.*

> **Seara** – *In the Evening*

Vă este somn? – *Are you feeling sleepy?*
Sunt puțin obosit după călătorie – *I'm a bit tired after the journey.*
Vreau să mă culc – *I want to go to bed.*
Nu îmi este somn deloc – *I don't feel sleepy a bit.*
Pic de somn – *I'm nearly asleep.*
La ce oră vă culcați de obicei? – *What time do you generally go to bed?*
Mă culc: – *I go to bed:*
– devreme – *early*
– târziu – *late*
– după miezul nopții – *after midnight*
Cred că este timpul să ne culcăm – *I think it's time to go to bed.*
Mă duc să mă culc – *I'm going to bed.*
Aveți ceva împotrivă dacă eu mai rămân puțin? – *Mind if I sit up a little longer?*
La ce oră să vă trezesc dimineață? – *When shall I wake you tomorrow morning?*
Vreți, vă rog, să mă sculați (sunați) la ora șapte? – *Will you call me at seven, please?*
Schimbați-mi, vă rog, cearșaful/perna – *Please change the sheet/the pillow.*
Somn ușor (Vă doresc somn ușor) – *Have a good sleep (I hope you will sleep well).*

> **Dimineața** – *In the Morning*

V-ați sculat deja. La ce oră v-ați trezit? – *You're up already. What time did you wake up?*
Mă scol devreme/târziu – *I'm an early riser/a late riser.*
V-ați odihnit bine? (Ați dormit bine?) – *Did you have a good rest? (Did you sleep well?)*
Am avut o noapte proastă. Nu am dormit mai mult de trei ore – *I had a bad night. I didn't sleep more than three hours.*
Tocmai m-am sculat – *I've only just waked up.*
Nu am închis ochii toată noaptea – *I didn't sleep a wink.*

Pot să merg la baie acum? – *Can I go to the bathroom now?*
Vreau să fac baie/duş – *I want to have my bath/shower.*
Unde-mi sunt halatul şi papucii? – *Where are my dressing gown and slippers?*
Trebuie să mă: – *I must:*
– spăl – *wash*
– bărbieresc – *shave*
– pieptăn – *do my hair*
– îmbrac – *get dressed*
– aranjez – *tidy myself up*
Aveţi nevoie de lame pentru aparatul de bărbierit? – *Do you need any blades for your safety razor?*
Nu, mulţumesc. Voi folosi aparatul de ras electric – *No, thank you. I'm going to use my electric razor.*
Ce să-mi pun? – *What should I wear?*
Puneţi-vă ceva călduros – *Put o something warm.*
Sunteţi îmbrăcat prea subţire – *You're too lightly dressed*
Să-mi pun un costum închis/o rochie deschisă? – *Shall I wear a dark suit/a light dress?*
Merge (se asortează) cu albastru – *It goes well with blue.*
Costumul dumneavoastră este făcut de comandă sau luat de gata? – *Was your suit tailor-made or ready-to-wear?*
Costum de seară la alegere – *Evening dress is optional.*
Îndată ce vă spălaţi şi vă îmbrăcaţi, coborâţi să luaţi micul dejun – *As soon as you have washed and dressed, come down to have breakfast.*

❏ ÎN ORAȘ – *GETTING ABOUT TOWN*

clădire – *building*
bulevard – *boulevard*
șosea de centură – *ringroad*
strada, alee – *avenue*
primărie – *town hall, city hall*
școală – *school*
gară – *station*
garaj – *garage*
secție de poliție – *police station*
trafic, circulație – *traffic*
blocare a circulației – *traffic-jam*
stație de autobuz – *bus stop metro underground tube subway*
pieton – *pedestrian*
trecere de pietoni – *zebra crossing*
intersecție – *crossroads sense gyrator roundabout*
strada cu sens unic – *one-way street*
lucrări – *works*
trotuar – *pavement sidewalk*
semafor – *traffic lights*
a parca – *to park*
amenda, contravenție – *fine*
contor de parcare – *parking meter*
zonă de remorcare – *tow away zone*

➤ Cum ne orientăm – *Asking one's Way*

Scuzați-mă, domnule/doamnă, mi-ați putea spune cum ajung la ambasada britanică? – *Excuse me, Sir/Madam, could you tell me how to get to the British Embassy?*
Acesta este drumul spre Calea Victoriei? – *Am I right for Calea Victoriei?*
Sunteți amabil să-mi arătați drumul? – *Would you mind telling me the way?*
M-ați putea îndruma spre ...? – *Could you direct me to ...?*
– hotelul cel mai apropiat – *the nearest hotel*
– oficiul poștal – *the post office*
– un magazin universal – *a department store*
– o agenție de voiaj – *a travel agency*
M-am rătăcit – *I've lost my way.*
M-ați putea îndruma? – *Could you put me right?*
Ați luat-o în direcție greșită – *You're going in the wrong direction.*
Am să vă arăt drumul – *I will show you the way.*
Regret, nu știu. Nici eu nu sunt de pe aici – *I'm afraid, I've no idea. I'm a stranger here myself.*
Nu v-aș putea spune precis – *I really can't tell you for certain.*
Vreți să-l întrebați pe milițianul acela? – *Would you mind asking the militiaman over there?*
Mergeți drept înainte, apoi luați-o pe prima stradă la dreapta – *Keep straight on and then take the first turning to the right.*
Mai întrebați pe cineva acolo – *Ask your way again there.*
Cât (ce distanță) este de aici până la ...? – *How far is it from here to ...?*
Care este drumul cel mai scurt? – *Which is the shortest way?*
În cât timp ajung acolo? – *How long will it take me to get there?*
Aveți de mers o bucată bună – *That's quite a distance.*
Este foarte departe de aici – *It's a very long way from here.*
Cred că sunt mai bine de trei kilometri – *It's over three km., I think.*
N-ar fi mai bine să iau un autobuz? – *Hadn't I better take a bus?*
Ar fi mai bine să luați autobuzul – *You'd better go there by bus.*
Ce autobuz, trebuie să iau? – *What bus must I take?*

Autobuzul 32 vă duce direct la gară – *Number 32 bus will take you right to the railway station*
Să vă arăt drumul până la staţia de autobuz – *Let me show you the way to the bus stop.*
Traversaţi strada şi luaţi-o la stânga – *Go across the road and turn left.*
La următoarea intersecţie luaţi-o la dreapta – *At the next crossroads turn to the right.*
Luaţi-o în direcţia opusă – *Go in the opposite direction*
Caut numărul 10 pe Bulevardul Magheru – *I'm looking for 10, Bulevardul Magheru*
O să vă descurcaţi? – *Will you find it now?*
Este pe dreapta/stânga – *It's on the right-hand/left-hand side.*
Spuneţi-mi, vă rog, cum se numeşte strada aceasta – *Please tell me the name of this street.*
Drumul acesta duce în Piaţa Victoriei? – *Does this road lead to Victory Square?*
Strada aceasta duce în şoseaua principală? – *Will this street bring me out on the main road?*
Acesta este numărul cinci? Aţi putea afla ce număr este? – *Is this number 5? Could you find out which number it is?*
Caut un domn numit.... Locuieşte aici? – *I'm looking for a gentleman by the name of ... Does he live here?*
Cunoaşteţi pe cineva care se numeşte…? – *Do you know anyone called…?*
Aceasta este prima dumneavoastră vizită în România? – *Is this your first visit to Romania?*
Nu, am mai fost aici de câteva ori în ultimii cinci ani – *No, I've been here several times in the past five ye*ars.
Este vreo staţie de benzină pe drumul acesta? – *Is there a filling (petrol) station on this road?*

➢ **Transportul urban** – *City Transport*

Unde este staţia de autobuz, vă rog? – *Where's the bus stop, please?*
Autobuzul patruzeci opreşte aici? – *Does number 40 stop here?*

Este o stație facultativă. Autobuzele opresc numai la cererea călătorilor – *It's a request stop. Buses stop on request here.*
Ce autobuz trebuie să iau pentru parcul Herăstrău? – *Which bus must I take for Herăstrău Park?*
Luați autobuzul treizeci și unu – *You want number 31.*
Luați autobuzul 50 și coborâți la… – *Get on a number 50 bus and get off at…*
Unde este următoarea stație de autobuz? – *Where is the next bus stop?*
Spuneți-mi, vă rog, unde trebuie să schimb – *Tell me where to change, please.*
Cât de des pleacă autobuzele de aici? – *How often do buses run from here?*
Pe aici nu circulă tramvaie? – *Are there no trams running here?*
Puteți ajunge acolo cel mai bine cu troleibuzul – *You can best get there by trolley-bus.*
Iată că vă vine autobuzul/tramvaiul – *Now, there's your bus/tram coming.*
Pregătiți mărunțișul – *Have your change ready.*
Până unde mergeți? – *How far do you go?*
Eu merg până la capăt – *I go as far as it goes (I go to the terminal).*
Trebuie să coborâm la penultima stație – *We must get off at the last stop but one.*
până la…? – *What's the fare to…?*
Taxa, vă rog! Mai este cineva fără bilet? – *Fares, please! Any more fares, please?*
Unde suntem acum? – *Where are we now?*
Unde trebuie să cobor, vă rog? – *Where must I get off, please?*
Aici coborâți – *This is where you get off.*
Aici schimbați cu autobuzul cincizeci – *This is where you change to bus number fifty.*
Există serviciu de transport noaptea? – *Is there a night service?*
Da, după miezul nopții autobuzele circulă la fiecare douăzeci de minute – *Yes, after midnight buses run every twenty minutes.*
Ce număr de locuri acest autobuz? – *What's the seating capacity of this bus?*
Dumneavoastră coborâți la a doua stație. Până acolo mai este doar o stație – *Yours is the second stop. There's only one stop in between.*

Nu staţi pe platformă – *No standing on the platform.*
Trebuie să ne grăbim. Să luăm un taxi – *We must hurry. Let's take a taxi.*
Chemaţi, vă rog, un taxi – *Call for a taxi, please.*
Acolo este o staţie de taximetre – *Over there is a taxi rank.*
Sunteţi ocupat/liber? – *Are you engaged/free?*
Urcaţi. Mă ocup eu de bagaj – *Step in! I'll take care of your luggage.*
Puneţi-l lângă şofer – *Put it beside the driver.*
Da, domnule. Unde să vă duc? – *Yes, sir. Where to?*
La Gara de Nord, te rog – *To North Station, please.*
Mai repede, te rog. Mă grăbesc – *Go faster, please. I'm in a hurry.*
Opreşte aici! – *Stop here!*
Aşteaptă aici! – *Wait here!*
Mă întorc imediat – *I'll be back in moment.*
Care este tariful? (Cât face?) – *What's the fare, please?*
Să văd cât indică aparatul de taxare – *Just let me see what the metre says.*

> **Vizitarea oraşului** – *Seeing the Sights*

Aş vrea să vizitez oraşul – *I'd like to see the sights.*
Nu am văzut prea multe. Am sosit abia azi dimineaţă – *I haven't done much sightseeing. I have only arrived this morning.*
Cum vă place oraşul nostru? – *How do you like our town?*
Îmi place foarte mult, îndeosebi parcurile şi muzeele din Bucureşti – *I like it very much, particularly Bucharest's parks and museums.*
Aş vrea să vizitez Bucureştiul – *I should like to see the sights of Bucharest.*
Vă interesează ceva în mod deosebit? – *Is there anything you are particularly interested in?*
Da, mă atrag în special: – *Yes, I'm rather keen on:*
– monumentele istorice – *historical monuments*
– expoziţiile – *exhibitions*
– muzeele – *museums*
– galeriile de artă – *art galleries*
Vreau să dau o raită prin magazinele din Bucureşti – *I want to look round Bucharest's department stores.*

Ce credeți că ar trebui să văd? – *What do you think I ought to see?*
Vă propun să faceți mai întâi turul orașului – *Well, I suggest a sightseeing tour of the city first.*
Cu ce începe turul orașului? – *What does the tour start with?*
Cât durează turul orașului? – *How long does the tour take?*
Vreți să vă arăt orașul? – *Do you want me to show you round?*
Am să vă arăt orașul – *I'll take you round the town.*
Este foarte amabil din partea dv. – *That is most kind of you.*
Arătați-mi toate obiectivele interesante – *Show me all the places of interest.*
Aceasta este strada principală? – *Is this the main street?*
Când a fost construită clădirea aceea? – *When was that building put up?*
Când pot vizita...? – *When can I visit...?*
– Muzeul satului – *the Village Museum*
– Muzeul de artă populară – *the Folk Art Museum*
– Galeria națională de artă – *the National Art Gallery*
– niște biserici vechi – *some old churches*
Acela este muzeul? – *Is that the museum?*
Voi găsi acolo un ghid care să mă însoțească? – *Will there be any guide there to show me round?*
Ce reprezintă acest monument? – *Whom is this monument to?*
Aș vrea să văd și... – *I would like to see... as well.*
Este departe? – *Is it far?*
Este la o distanță de câteva minute pe jos. – *It's only a few minutes walk.*
Am vrea să facem o excursie la... – *We'd like to make a trip to...*
Ce locuri interesante se pot vizita în afara orașului? – *What interesting places are there to see outside the town?*
Aș vrea să vizitez Grădina botanică – *I'd like to visit the Botanical Gardens.*
Merită să fie vizitată? – *Is it worth visiting?*
Pentru ce este cunoscută această clădire? – *What is this building famous for?*
Îmi place/nu îmi place arhitectura acestei clădiri – *I like/do not like the architecture of this building.*

Este vreo localitate medievală în această regiune? – *Are there any mediaeval sites in this area?*
De pe terasa acestei clădiri ai o panoramă admirabilă a Bucureștiului – *You get a marvellous view of Bucharest from the top of the building.*
Ce alte locuri interesante mai sunt de văzut în oraș? – *What other interesting places are there to see in the town?*
Ați vrea să veniți cu noi într-un tur al orașului? – *Would you like to join tis on a sightseeing tour round the town?*
Autocarul pleacă de la... – *The sightseeing coach leaves from...*
Prefer să merg singur pe jos – *I prefer walking about by myself.*
Îmi voi petrece cel puțin o săptămână pentru a vizita orașul – *I'll spend at least a week of my stay sightseeing.*

➢ **Indicatoare, semne** – *Notices, Signs*

Atenție! – *Caution/Danger!*
Stop! – *Stop!*
Trecere pietoni – *Pedestrian crossing.*
Stație taxi – *Taxi rank.*
Intrare – *Entrance.*
Ieșire – *Exit (Way out).*
Ieșire în caz de pericol – *Emergency exit.*
Casa de bilete – *Booking office.*
Agenție de voiaj – *Travel agency.*
Birou de informații – *Inquiry office.*
Fumatul interzis! – *No smoking!*
Parcarea interzisă! – *No parking!*
Loc de parcare – *Parking.*
Păstrați curățenia orașului – *Keep your city tidy.*
Nu călcați pe iarbă! – *Keep off the grass!*
Ține dreapta/stânga – *Keep right/left.*
Sens unic – *One way.*
Sens giratoriu – *Roundabout.*
Circulația interzisă – *No thoroughfare.*
Depășire numai pe dreapta – *Overtake only on the right.*
Depășirea interzisă – *No overtaking.*
Nu depășiți culoarele de circulație – *Do not wander from lane to lane.*

Circulați numai între culoarele marcate – *Keep within the lane markings.*
Intrarea particularilor interzisă – *No admittance except on business.*
A se feri de foc – *Guard against all risk of fire.*
Pericol de moarte! Cablu de înaltă tensiune – *Dangerous! High voltage cables.*
Rugăm închideți poarta – *Please shut this gate.*
Proaspăt vopsit – *Wet paint.*
Nu faceți murdărie – *Leave no litter.*
Atențiune! Intrarea interzisă – *You have been warned. Keep out.*
Atenție! Se lucrează deasupra – *Caution! Men working overhead.*
Șantier în lucru – *Road works ahead.*
Drum în reparație – *Road repairs in progress.*
Nu distrugeți plantele și copacii – *Protect wild plants and trees.*
Pericol de înec – *Bathing is dangerous.*
Atenție la tren! – *Beware of the train!*
Prim ajutor – *First Aid.*
Înștiințare – *Notice.*
De vânzare – *On sale.*

❑ LA RESTAURANT – *IN A RESTAURANT*

meniu – *menu*
aperitive – *hors d'oeuvre*
desert – *dessert/ sweet*
nota de plată – *bill*
şerveţel – *napkin*
ospătar, chelner/ ospătăriţă – *waiter/ waitress*
serviciu inclus – *service included*
bacşiş – *tip*
(friptură) în sânge – *rare*
(friptură) potrivită – *medium*
(friptură) bine făcută – *well done*
îmi este foame – *I am hungry*
îmi este sete – *I am thirsty*
o farfurie (conţinut) – *a dish*
o băutură – *a drink*
o mâncare (masă) – *a meal*
mic dejun – *breakfast*
prânz – *lunch*
cină – *dinner*
o masă – *a table*
un scaun – *a chair*
o farfurie – *a plate*
un pahar – *a glass*
un cuţit – *a knife*
o furculiţă – *a fork*
o lingură – *a spoon*
un şerveţel – *a napkin*
o sticlă – *a bottle*
carne – *meat*

de vacă – *beef*
de oaie – *mutton*
de viţel – *veal*
de porc – *pork*
şuncă (jambon) – *ham*
cârnaţi – *sausages*
o vacă – *a cow*
o oaie – *a sheep*
un viţel – *a calf*
un porc – *a pig*
peşte – *fish*
legumă(e) – *vegetable(s)*
cartof(i) – *potato(es)*
cartofi prăjiţi – *chips*
morcovi – *carrots*
fasole – *beans*
mazăre – *peas*
salată – *salad*
ulei – *oil*
oţet – *vinegar*
sare – *salt*
piper – *pepper*
muştar – *mustard*
brânză – *cheese*
lapte – *milk*
frişcă – *cream*
oua – *eggs*
unt – *butter*
dulceaţă – *jam*
zahar – *sugar*
piersici – *peaches*
fruct – *fruit*
mere – *apples*
pere – *pears*
apă – *water*
bere – *beer*
ceai – *tea*

cafea – *coffee*
vin – *wine*

> **Expresii generale** – *General Expressions*

Să mergem la un restaurant – *Let's go to a restaurant.*
Unde se află restaurantul cel mai apropiat? – *Where is the nearest restaurant?*
Este un restaurant în hotel – *There is a restaurant in the hotel.*
Restaurantul se află: – *The restaurant is:*
– la parter – *on the groundfloor*
– vizavi – *across the road*
– după colţ – *round the corner*
Vă e foame/sete? – *Are you hungry/thirsty?*
Să găsim o masă lângă fereastră – *Let's find a table near the window.*
Masa aceasta este liberă? – *Is this table vacant?*
Sper că locul acesta nu este ocupat – *I hope this seat isn't taken.*
Trebuie să ne mutăm la altă masă – *We must shift to another table.*
O masă pentru două persoane, vă rog – *Table for two, please.*
Am să comand ceva de mâncare – *I'll order something to eat.*
Ospătar, lista te rog – *Show me the menu, waiter.*
Aţi ales? – *Have you made your choice?*
Ce aţi vrea să mâncaţi? – *What would you like to eat?*
Vreau ceva uşor – *I want something light.*
Ce-mi recomandaţi? – *What do you recommend?*
Adu-mi, te rog, un suc de roşii – *Bring me a tomato juice, please.*
Să vă aduc ceva de băut? – *Can I get you something to drink?*
O limonada/oranjadă, te rog – *A lemon-squash/orange-squash, please.*
La fel şi pentru mine – *I'll take the same.*
Eu vreau un pahar cu apă – *Just a glass of water for me.*
Domnul/doamna este servit(ă)? – *Are you being served?*
Mi s-a luat comanda – *I've given my order.*
Vreţi să-mi destupaţi sticla aceasta? – *Will you open this bottle for me, please?*
Mai aduceţi un tacâm, vă rog – *Another place, please.*
Vreţi să-mi aduceţi…? – *Will you get me …*
– un şervet – *a serviette*

– un cuțit – *a knife*
– o furculiță – *a fork*
– o lingură – *a spoon*
– o linguriță – *a teaspoon*
– un pahar – *a glass*
– o farfurie (de supă) – *a (soup) plate*
– o ceașcă – *a cup*
Vreți să-mi dați, vă rog, niște ...? – *Would you, please, pass me some ...?*
– sare – *salt*
– zahăr – *sugar*
– lămâie – *lemon*
– oțet – *vinegar*
– piper – *pepper*
– untdelemn – *oil*
– muștar – *mustard*
– ardei – *pimento*
– sos – *sauce*
Vreți să chemați ospătarul? – *Could you call the waiter?*
Ospătar, nota, te rog – *Waiter, bring me the bill, please.*
Cât face?/Cât am de plată? – *How much is the bill?*
Serviciul este foarte bun – *The service is quite good.*
O masă pentru o persoană/doi oameni, vă rog. – *Table for two, please.*
Pot să văd meniul, vă rog? – *Could I please see the menu?*
Aveți o specialitate a casei? – *Do you have a house special?*
Există o specialitate locală? – *Is there a local specialty?*
Sunt vegetarian. – *I'm a vegetarian*
Nu mănânc porc. – *I don't eat pork.*
Nu mănânc decât cușer. – *I only eat kosher.*
Puteți să îl/o faceți mai puțin gras(ă)? – *Could you please make it with less fat (less greasy)?*
meniul zilei – *Today's menu*
a la carte – *a la carte*
mic-dejun – *breakfast*
pachet – *pack*
cafea – *coffee*
mâncare de prânz – *lunch*
Aș vrea ____ . – *I'd like* ____

Vreau de mâncare cu _____ – *I want a dish with*
pui – *chicken*
carne de vită – *beef*
peşte – *fish*
porc – *pork*
viţel – *veal*
vânat – *venison*
şuncă – *ham*
crenvuşti – *sausage*
brânză – *cheese*
ouă – *eggs*
salată – *salad*
legume (proaspete) – *fresh vegetables*
fructe (proaspete) – *fresh fruits*
pâine – *bread*
pâine prăjită – *toast*
orez – *rice*
fasole – *beans*
Îmi aduceţi, vă rog, un pahar de _____? – *Could you please bring me a glass of _____?*
Îmi aduceţi, vă rog, o cană cu _____? – *Could you please bring me a cup of*
Îmi aduceţi, vă rog, o sticlă de _____? – *Could you please bring me a bottle of _____?*
cafea – *coffee*
ceai – *tea*
suc – *juice*
apă minerală – *mineral water*
apă (plată) – *water*
bere – *beer*
vin roşu/alb – *red wine/white*
sare – *salt*
piper – *pepper*
Am terminat. – *I'm full.*
A fost delicios. – *That was delicious.*
Nota, vă rog. – *The check, please.*

> **Micul dejun** – *Breakfast*

Aş mânca ceva – *I feel like eating something.*
De obicei mi-e foame dimineaţa – *I usually feel hungry in the morning.*
Când aţi luat micul dejun? – *When did you have breakfast?*
Nu am luat încă micul dejun – *I haven't had breakfast yet.*
Mi-ar prinde bine şi mie o gustare – *I could do with a snack myself.*
Vreţi ceai sau cafea? – *Do you like tea or coffee?*
Prefer o ceaşcă de ceai – *I prefer a cup of tea.*
Cum vă place ceaiul? – *How do you like your tea?*
Îmi place tare/slab – *I like it strong/weak.*
Ştiu că nu vă place cafeaua – *I know you don't like coffee.*
Aţi prăjit pâinea? – *Have you toasted the bread yet?*
Să vă torn o ceaşcă de ceai? – *Shall I pour you out a cup of tea?*
Beţi ceaiul cu zahăr/cu lapte? – *Do you take sugar/milk in your tea?*
Doresc nişte: – *I'd like some:*
– fulgi de cereale – *cornflakes*
– ouă cu şuncă – *ham and eggs*
– ouă fierte – *boiled eggs*
– cârnăciori – *sausages*
– omletă – *omelet(te)*
– ochiuri – *fried eggs*
– ouă moi – *soft-boiled eggs*
– ouă tari – *hard-boiled eggs*
– pâine prăjită – *toast*
– unt – *butter*
– smântână – *cream*
– brânză – *cheese*
– iaurt – *yoghurt*
– dulceaţă – *jam*
– pâine – *bread*
Îmi puteţi da o ceaşcă de lapte cald/cacao? – *Can I have a cup of hot milk/cocoa?*
Vă place ceaiul? – *Do you like your tea?*
Ce gust are? – *How does it taste?*
Poftiţi gem de portocale – *Here's the marmalade.*

Serviți-vă – *Help yourself to it.*
Dați-mi, vă rog, sarea – *Pass me the salt, please.*
Nu mai doriți niște pâine cu unt? Poate un sandviș? – *Won't you have some more bread and butter? Perhaps a sandwich?*
Da, vă rog – *Yes, please.*
Nu, mulțumesc. Este destul – *No, thank you. I've had enough.*
Nu mai doresc, mulțumesc – *I don't want any more, thank you.*
Ați terminat micul dejun? – *Have you finished your breakfast?*
Da, mi-a plăcut foarte mult micul dejun – *Yes, I've enjoyed my breakfast very much.*

> **Prânzul și cina** – *Lunch and Dinner*

La ce oră luați masa de prânz? – *What time do you have lunch?*
De câte ori mâncați pe zi? – *How many meals a day do you eat?*
Prânzul se servește între orele unu și trei – *Lunch is served between one and three o'clock.*
Unde pot lua o gustare? – *Where can I have a snack?*
Ce mâncați la prânz? – *What do you have for lunch?*
Ce vreți să luați? – *What will you have?*
Vreau, mai întâi, un pahar de: – *To begin with, I'd like a glass of:*
– suc de roșii – *tomato juice*
– suc de ananas – *pineapple juice*
– suc de portocale/lămâie – *orange/lemon squash*
Ce mâncăruri de pește aveți? – *What fish dishes do you have?*
Doriți o supă? – *Will you have some soup?*
Da, iau: – *Yes, I'll have:*
– supă cu găluști – *dumpling soup*
– supă de roșii – *tomato soup*
– supă de țelină – *celery soup*
– supă de mazăre – *pea soup*
– supă cu tăiței – *noodle soup*
– supă de pasăre – *chicken soup*
– supă de legume – *vegetable soup*
Puteți să luați și: – *You can also have:*
– ciorbă de măruntaie – *giblet soup*
– ciorbă cu perișoare – *meat ball soup*

– ciorbă de fasole – *bean soup*
– ciorbă de cartofi – *potato soup*
Vă place carnea? – *Do you like meat?*
Îmi place carnea de vacă, dar nu-mi place carnea de porc – *I like beef but I don't like pork.*
Îmi puteți da…? – *Can I have…?*
– pasăre – *chicken*
– curcan – *turkey*
– carne de miel – *lamb*
– carne de berbec – *mutton*
– carne de vițel – *veal*
– cotlet de porc – *pork chops*
– antricot – *steak*
– biftec – *beefsteak*
– rosbif – *roast beef*
– ficat – *liver*
– ciuperci – *mushrooms*
– șnițel – *schnitzel*
– ghiveci cu carne – *Irish stew*
Vreau niște: – *I want some:*
– cartofi pai – *chips*
– cartofi fierți – *boiled potatoes*
– pireu de cartofi – *mashed potatoes*
Aș mai lua o porție de: – *I think I could manage another helping of:*
– nisetru – *sturgeon*
– stridii – *oysters*
– crap – *carp*
– hering – *herring*
– homar – *lobster*
– păstrăv – *trout*
– pește afumat – *smoked fish*
Cum vă place rosbiful? – *How do you like your roast beef?*
Îmi place rosbiful în sânge/bine fript – *I like my roast beef slightly underdone/well done.*
Ce mai luăm? – *What's the next course?*
Să vă servesc…? – *Shall I help you to…?*
– porc la grătar – *grilled pork*

– tocană – *stew (goulash)*
– budincă de orez – *rice pudding*
Această mâncare se serveşte cu legume: cartofi, mazăre, morcovi, fasole sau varză – *This dish is served up with vegetables: potatoes, green peas, carrots, beans or cabbage.*
Îmi puteţi da nişte pâine albă/neagră? – *Can I have some white/ brown bread?*
Îmi puteţi da un pahar de…? – *May I have a glass of…?*
– apă – *water*
– apă minerală – *mineral water*
– sifon – *soda*
Mai doriţi (luaţi)…? – *Would you care for some more…?*
Nu, mulţumesc – *No, thank you.*
Da, mulţumesc – *Yes, thank you.*
Sometimes I finish up with cheese and biscuits and coffee.
Uneori eu închei masa cu brânză, biscuiţi şi cafea – *Sometimes I finish up with cheese and biscuits and coffee.*
Serviţi-vă cu: – *Help yourself to some:*
– prune – *plums*
– pere – *pears*
– mere – *apples*
– caise – *apricots*
– piersici – *peaches*
– pepene (galben) – *melon*
– zmeură – *raspberries*
– fragi/căpşuni – *strawberries*
– struguri – *grapes*
– portocale – *oranges*
– ananas – *pineapple*
– banane – *bananas*
Cum vă place? – *How do you like it?*
Mi-a plăcut foarte mult – *I enjoyed it immensely.*
Îmi pare bine că vă place – *I'm glad it's to your taste (you enjoy it).*
Ce-mi puteţi da ca desert? – *What can you give me for dessert?*
Puteţi lua: – *You can have:*
– prăjitură – *cake*
– plăcintă cu brânză – *cheese pie*

– clătite – *pan cakes*
– tartă cu mere – *apple pie*
– pateu – *pie*
– bomboane – *sweets*
– compot – *stewed fruit*
– salată de fructe – *fruit salad*
– îngheţată – *ice-cream*
– îngheţată de ciocolată – *chocolate ice*
– îngheţată de vanilie – *vanilla ice*
– îngheţată asortată – *mixed ice*
– biscuiţi – *biscuits*
Eu nu prea beau (mie nu-mi place băutura) – *I'm not much of a drinker.*
Aveţi băuturi nealcoolice (răcoritoare)? – *Do you have any soft drinks?*
Da, avem. Dar avem şi băuturi alcoolice – *Yes we have. But we have also strong drinks:*
– lichior – *liqueur*
– vermut – *vermouth*
– coniac – *cognac*
– şampanie – *champagne*
– ţuică – *plum brandy*
– gin – *gin*
– whisky – *whisky*
– vin alb – *white wine*
– vin roşu – *red wine*
– vin de masă – *table (dinner) wine*
– vin dulce – *sweet wine*
– vin sec – *dry wine*
– vin spumos – *sparkling wine*
– vin vechi – *old wine*
Mai luaţi un pahar de bere – *Have another glass of beer.*
Eu beau vinul: – *I like my wine:*
– fără sifon – *neat*
– cu sifon – *with soda*
Pot să vă mai torn un pahar? – *May I fill your glass again?*
Numai puţin, vă rog – *Just a little, please.*

Pot să iau puțin să gust? – *May I have just a little to taste?*
În sănătatea dumneavoastră! Noroc – *Here's to you! Cheers!*
Am luat o gustare pe drum – *We had a light meal on our way.*
Mergem într-o excursie și am dori mâncare la pachet – *We're going on a trip and we'd like some packed food.*
După masă dormiți puțin? – *Do you have a nap after lunch?*
Unii dorm, dar eu nu (dorm) – *Some people do, but I don't.*
Bucătăria romanească satisface toate gusturile – *Romanian cooking caters for all tastes.*

➤ Baruri – *Bars*

Serviți alcool? – *Do you serve alcohol?*
Este cu servire la masă? – *Is there table service?*
O bere/două beri, vă rog. – *One/two beer(s), please*
Un pahar de vin roșu/alb, vă rog. – *A glass of red/white wine*
O bere mică/mare, vă rog – *A large/small beer, please.*
O sticlă, vă rog. – *A bottle please.*
Un cola cu rom, vă rog. – *A rum and coke, please.*
whiskey – *whiskey*
vodka – *vodka*
rom – *rum*
apă – *water*
suc de club – *club soda*
apă tonică – *tonic water*
suc de portocale – *orange juice*
Cola (*suc*) – *coke*
Încă unul(m)/una(f), vă rog. – *One more, please.*
Încă un rând, vă rog. – *Another round please*
Când se închide? – *When do you close?*

❏ LA CUMPĂRĂTURI – *SHOPPING*

un vânzător – *a salesman*
o vânzatoare – *a saleslady*
Ce scump! – *How expensive!*
Nu îmi pot permite asta. – *I can't afford it.*
Nu am bani. – *I'm short of money.*
bani lichizi – *cash*
Plătesc cu bani lichizi. – *I pay cash.*
a cumpara pe credit – *to buy on credit*
un cec – *a cheque, a check (US)*
o carte de credit – *a credit card*
o bancnotă de o liră – *a pound note*
un obiect la mâna a doua – *a second-hand article*
a livra mărfuri – *to deliver goods*
competiție, concurență – *competition*
a vinde cu profit – *to sell at a profit*
a vinde în pierdere – *to sell at a loss*
a vinde cu reducere – *to sell at a discount*
o afacere bună – *a (good) bargain*
Costă 20 de lire – *It costs 20 (twenty pounds).*

➢ **Expresii generale** – *General Expressions*

Vreți să faceți cumpărături? – *Do you want to go shopping?*
Am de făcut niște cumpărături – *I have got some shopping to do.*
Trebuie să cumpăr o mulțime de lucruri – *I must buy a lot of things.*
Ar fi bine să faceți o listă cu lucrurile de care aveți nevoie – *You'd better make up (draw up) a list of the things you need.*
Ce vreți să cumpărați? – *What do you want to buy?*

Vreau să cumpăr niște cadouri pentru prietenii mei – *I want to buy some presents for my friends.*
Hai mai întâi să ne uităm la vitrine – *Let's do some window-shopping first.*
Acesta pare să fie un magazin bun – *This looks like a good shop.*
Să intrăm – *Well, let's go in.*
Cu ce vă putem servi? – *What can I do for you? (Can I help you?)*
Sunteți servit(ă)? – *Are you being attended to?*
Mă ocup de dv. într-o clipă – *I'll attend to you in a moment.*
Țineți/vindeți mănuși? – *Do you keep/sell any gloves?*
Din păcate, am epuizat stocul – *Unfortunately they are out of stock.*
Regret, ne lipsesc (din stoc) deocamdată – *Sorry, we are short of them at the moment.*
Aș dori să cumpăr niște cămăși de poplin/de nailon – *I would like some poplin/nylon shirts.*
Ce măsură, vă rog? – *What size, please?*
Treizeci și șase cm la guler – *Thirty six centimetres neck.*
Îmi puteți arăta câteva modele? – *Can you show me some of your patterns?*
Aș dori să cumpăr niște tergal – *I'd like to buy some terylene.*
Caut ceva cam în felul acesta – *I was thinking of something like this.*
Cât costă metrul? – *How much is it the metre?*
Câți metri doriți? – *How much would you like?*
Cred că aceasta merge(se potrivește) – *This one will do, I think.*
Vă rog să-mi arătați niște pardesie – *Will you, please, show me some overcoats.*
Aveți o măsură mai mică /mai mare? – *Have you got this in a smaller/bigger size?*
O iau pe aceasta – *I'll take this (one).*
Acesta este foarte ieftin/cam scump – *This is very cheap/rather expensive.*
Ce preț are acest (această)...? – *What is the price of this...?*
Cât v-a costat? – *What did you pay for it? (How much did it cost you?)*
E prea mult. Nu face... – *It's too much. It's not worth...*
Se poate cumpăra în rate – *You can buy it on the HP system (hirepurchase system).*
Am cumpărat-o în condiții avantajoase – *I bought it on low terms.*

E un adevărat chilipir la prețul acesta – *It was a real bargain at that price.*
Prețurile țesăturilor (stofelor) au scăzut – *Textiles have gone down.*
Articolele acestea sunt foarte căutate – *These articles sell very well.*
Doriți să plătiți pe loc (acum)? – *Do you want to pay the money now?*
Aș vrea să plătesc în cecuri/numerar – *I'd like to pay by cheque/to pay cash.*
Mai doriți ceva, domnule/doamnă? – *Anything else, Sir/Madam?*
Nu, mulțumesc, aceasta este totul – *No, thanks, that's all.*
Cât face totul? – *How much is it in all?*
Nota se ridică la... – *Your bill comes to...*
Unde este casa? – *Where's the cash-desk (pay-desk)?*
Poftiți restul – *Here's your change.*
Să vă leg pachetul? – *Shall I tie up the parcel?*
Împachetați-mi-l, vă rog – *Wrap it up for me, please.*
Aveți serviciu de livrare la domiciliu/comisionar? – *Have you got a home-delivery service?*
Să vă trimitem cumpărăturile la domiciliu? – *Shall we send your purchases to your address?*
Aveți așa ceva, mărimea mea? – *Do you have something like this size?*
Cât costă? – *How much?*
E prea scump. – *It is too expensive.*
Acceptați _____? – *Do you accept _____?*
scump – *expensive*
ieftin – *cheap*
Nu-mi permit. – *I can not afford it*
Nu-l/N-o vreau. – *I don't want it.*
Știu că acesta nu este prețul normal. – *I know that is not the normal price.*
Nu mă interesează. – *I am not interested.*
OK, îl/o iau. – *Ok, I'll take it.*
Expediați (în străinătate)? – *Do you ship (overseas)?*
Am nevoie de ... – *I need ...*
...pastă de dinți – *toothpaste*
...o periuță de dinți – *a tooth brush*
...tampoane – *tampons*
...săpun – *soap*

...șampon – *shampoo*
...ceva pentru dureri – *something for pain*
...ceva pentru răceală – *something for a cold*
...tablete pentru stomac – *stomach medicine*
...o umbrelă – *an umbrella*
...loțiune de plajă – *sunblock*
...o vedere – *sunglasses*
...timbre – *stamp(s)*
...baterii – *batteries*
...hârtie pentru scris – *writing paper*
...un pix – *a pencil*
...cărți în română – *books in Romanian*
...reviste în română – *magazines in Romanian*
...un ziar în română – *a newspaper in Romanian*
...un dicționar român-englez – *a Romanian-English dictionary*

> **La băcănie** – *At a Grocer's Shop*

Cu ce vă pot servi, doamnă? – *What can I get for you, madam?*
Vreau un sfert de kilogram de cafea – *I want 1/4 kg of coffee, please.*
Apoi mai vreau un pachet de: – *Then I need a packet of:*
– ceai – *tea*
– cacao – *cocoa*
– margarina – *margarine (marge)*
– unt – *butter*
Avem pachete de... și... – *We have packets at... and...*
Pe care îl doriți? – *Which one will you take?*
Iau untul de cea mai bună calitate – *I'll take the best quality butter.*
Ouăle acestea sunt proaspete? – *Are these eggs fresh?*
Tocmai ne-au fost aduse – *We have just got them in.*
Câte doriți, doamnă? – *How many will you take, madam?*
Șase mi-ajung – *Half a dozen will do.*
Altceva? – *Anything else?*
Cât costă conserva aceasta de pește? – *How much is this tin of fish?*
Astăzi luați slănină? – *Do you want any bacon today?*
Avem niște slănină slabă/grasă foarte frumoasă – *We've got some fine lean/fat bacon.*

Da, pare să fie slabă – *Yes, it looks lean.*
Cât costă kilogramul? – *How much a kilo is it?*
Dați-mi un kilogram de slănină de aceasta – *Give me a kilo of this bacon.*
Îmi puteți da și niște pește afumat/conservat? – *Can I also have some smoked/tinned fish?*
Sunteți amabil(ă) să veniți la raionul de pescărie? – *Would you kindly come over to the fish counter?*
That will do for the moment.

> **Legume și fructe** – *At a Greengrocer's/Fruiterer's*

Îmi trebuie niște legume pentru masa de prânz – *I need some vegetables for dinner.*
O conopidă, vă rog, și două kilograme de roșii – *A cauliflower, please, and 2 kg of tomatoes.*
Ce fel de roșii doriți? – *Which tomatoes do you like?*
Acestea sunt... lei kilogramul – *These are... lei a kilo.*
Dați-mi un kilogram de ceapă, vă rog – *Give me a kilogram of onions, please.*
Îmi pare rău, nu avem morcovi deocamdată – *I'm sorry, we have no carrots at the moment.*
Așteptăm să ne sosească morcovi din clipă în clipă. Vreți să treceți mai târziu după amiază? – *We're expecting some carrots any time. Do you mind dropping in later in the afternoon?*
Aș vrea să mai cumpăr și: – *I'd also like to buy:*
– murături – *pickles*
– mazăre verde – *green peas*
– fasole – *beans*
– varză – *cabbage*
– păstârnac – *parsnip*
– sparanghel – *asparagus*
– usturoi – *garlic*
– spanac – *spinach*
– ardei gras – *green pepper*
– ardei iute – *hot pepper*

Două grapefruituri și patru banane/portocale din acestea – *Two grapefruits and 4 of these bananas/or-anges.*
Nu acestea. Sunt prea mari. Dați-mi unele mai mici – *Not these. They are too big. Give me some smaller ones.*
Mai doriți și altceva, doamnă? – *Do you want anything else, madam?*
Nu, mulțumesc. Aceasta este tot – *No, thank you. That will do all right.*

➤ **La bombonerie** – *At a Sweet-Shop*

Un baton mare de ciocolată de ... lei – *A large bat of chocolate at ... lei.*
Aveți ciocolată cu lapte/simplă? – *Have you got any milk/plain chocolate?*
Un sfert de kilogram de caramele, vă rog – *A quarter of a kilogram of toffees, please.*
Cât costă această cutie de ciocolată/cutie mare de biscuiți? – *How much is this box of chocolate/large tin of biscuits?*
Un pachet de gumă de mestecat, vă rog – *A packet of chewing-gum, please.*
Altceva? Vă mulțumesc, domnule – *Anything else? Thank you, sir.*

➤ **La magazinul de încălțăminte** – *At a Shoe Shop*

Vreau o pereche de pantofi negri de purtare, vă rog – *I want a pair of black walking shoes, please.*
Ce măsură (purtați), vă rog? – *What size (do you wear), please?*
Port măsura... la pantofi – *I take size... in shoes.*
Prefer pantofii cu vârful ascuțit/lat – *I prefer shoes with pointed/broad toecaps.*
Acești pantofi sunt lucrați manual? – *Are these shoes handmade?*
Vreau o pereche de pantofi rezistenți – *I want a pair of hard-wearing shoes.*
Aceștia sunt prea grei – *These are too heavy.*
Arătați-mi alții mai ușori cu talpă de piele – *Show me something lighter with leather soles.*

Îmi trebuie o pereche de pantofi de lac/pantofi uşori de dans – *I need a pair of patent leather shoes/light dancing shoes.*
Aveţi ceva din piele de şarpe? – *Have you got anything in snake skin?*
Să încerc perechea aceasta – *Let me try on this pair.*
Daţi-mi un încălţător, vă rog – *Give me a shoehorn, please.*
Nu este măsura mea – *This is not my size.*
Perechea aceasta este prea mare pentru mine – *This pair is too large.*
Arătaţi-mi o altă pereche cu jumătate de număr mai mică – *Show me another pair half a size smaller.*
Aceştia sunt prea strâmţi. Mă jenează – *Now, these are too tight. They hurt.*
Pantoful drept mă jenează la călcâi – *The right shoe hurts around the heel.*
Aceşti pantofi se întind la purtare – *These shoes will stretch when you wear them.*
I-aţi putea întinde pe calapod, vă rog? – *Could you stretch them on the last, please?*
Perechea aceasta vi se potriveşte? – *Does this pair fit all right?*
Perechea aceasta este foarte comodă – *This pair is quite comfortable.*
Mă simt foarte bine în aceşti pantofi – *These feel quite all right.*
Vreau să ţin pantofii noi în picioare – *I want to keep the new pair on.*
Împachetaţi-mi pe ceilalţi, vă rog – *Wrap up my old ones, please.*

> **La librărie** – *At a Bookseller's*

Vreau să merg la o librărie să cumpăr nişte cărţi de care am foarte mare nevoie – *I want to go to a bookseller's to buy some books I need very urgently.*
Ce vă pot arăta, domnule? – *What can I show you, sir?*
Arătaţi-mi, vă rog, ultimele apariţii – *Please show me your latest publications.*
Caut un ghid al Bucureştiului/o hartă a Bucureştiului – *I'm looking for a guidebook of Bucharest/a map of Bucharest.*
Aş vrea să cumpăr nişte cărţi româneşti – *I'd like to buy some Romanian books.*
Aveţi. . . ? – *Do you keep?*
– literatură beletristică – *fiction*

– literatură științifico-fantastică – *science fiction*
– cărți de copii – *child's books*
– lucrări științifice – *science books*
– cărți tehnice – *technical books*
Aceasta este ultima ediție? – *Is this the latest edition?*
Îmi puteți arăta niște ghiduri de conversație? – *Can you show me some conversation books?*
Cartea aceasta se găsește și în traducere? – *Is this book available in translation?*
Iau această ediție de buzunar – *I'll take this pocket-size edition.*
Mai doriți și altceva? – *Do you want anything else?*
Un dicționar englez-român, vă rog – *An English-Romanian dictionary, please.*
Acesta este prea mare. Îmi puteți da unul ușor de mânuit? – *This one is too big. Can you give me a handy one?*
Noua ediție va apărea vara aceasta/nu a apărut încă – *The latest edition will be out this summer/hasn't come out yet.*
Aveți ultimul roman de P... ? – *Have you got P's latest novel?*
Îmi pare rău, este epuizat – *I'm sorry it's out of print.*
Am vândut ultimul exemplar în după-amiaza aceasta – *We have sold the last copy only this afternoon.*
Să vi-l comand, domnule? – *Shall I order it for you, Sir?*
Vă vom trimite cartea aceasta prin poștă – *We shall send this book to you by post.*
Ce romane istorice aveți? – *What have you got in the way of historical novels?*
Iată un roman care a fost foarte bine primit de critică în presă – *Here's a novel that has had quite a remarkable review in the papers.*
Puteți lua o ediție broșată – *You can have a paperback (paper-bound) edition.*
Prefer edițiile legate – *I prefer hard cover editions.*
Îmi puteți da un catalog cu ultimele publicații? – *Could you give me a catalogue of the latest publications?*
Aveți vreo carte de bucate? – *Do you have any cookery books?*
Unde este secția dv. de anticariat? – *Where is your department of second-hand books?*

Cât costă cartea aceea legată în piele? – *How much is that book with a leather binding?*
Aceasta este o traducere foarte bună din franceză. Unde a fost publicată? – *This is a very good translation from the French. Where has it been published?*

➢ **La papetărie** – *At the Stationer's*

Îmi trebuie o mapă cu plicuri – *I need a pad and some envelopes.*
Vreau o rezervă pentru creionul acesta cu pastă – *I want a refill for this eversharp.*
Îmi puteți da ...? – *Can I have...?*
– un creion tare/moale – *a soft/hard pencil*
– o peniță – *a nib*
– un creion automat – *a propelling pencil*
– niște indigo – *some carbon paper*
– un blocnotes – *a note book (jotter)*
– un caiet – *a copy book*
– niște hârtie de scris – *some note paper (writing paper)*
– niște sugativă – *some blotting paper*
Aveți niște stilouri ieftine? – *Have you got any cheap fountain pens?*
Cât costă acest creion de argint, vă rog? – *How much is this silver pencil, please?*
Acesta este foarte ieftin. Scrie în patru culori – *Now, this one is quite cheap. It writes in four colours.*
Îmi mai trebuie niște hârtie de scris și o gumă – *I also need some typing paper and an eraser (rubber).*
Regret că nu vă pot da o agendă/un calendar pentru anul viitor. Le-am vândut pe toate – *I'm sorry I can't give you a diary/calendar for the coming year. We're sold out of them.*
Voi lua liniarul acesta – *I'll take this ruler.*
Pot să mă uit la aceste...? – *Can I have a look at these...?*
– acuarele – *water colours*
– cărți poștale – *postcards*
– pioneze – *drawing-pins*
– agrafe – *paper clips*

> Ziare – *Newspapers*

Aş vrea să mă abonez la un cotidian/la o revistă care apare duminica – *I'd like to take out a subscription for a daily/for a Sunday magazine.*
Doresc un ziar de dimineaţă/de seară – *I want a morning/afternoon paper.*
Îmi puteţi da două ziare? – *Can I have two copies (an extra copy) of this paper?*
Această revistă apare săptămânal/lunar? – *Does this magazine come out weekly/monthly?*
Nu am citit încă ziarele de astăzi – *I haven't read today's papers yet.*
Cât costă abonamentul la...? – *How much are the subscription rates for the...?*
Cât costă acest ziar/această revistă? – *How much is this paper/magazine?*
Ce mai e nou? – *What's the news?*
Ştirea a apărut pe prima pagină a ziarelor? – *Has the news got in/reached the headlines?*
Prietenul meu este un cititor de ziare pasionat – *My friend is a voracious newspaper reader.*

> **La tutungerie** – *At the Tobacconist's*

Vreau un pachet de ţigări – *I want a packet of cigarettes.*
Ce marcă doriţi, domnule? – *What brand do yon take,sir?*
Un pachet de Snagov, vă rog – *A packet of 20 of Snagov, please.*
Sunt cu filtru? – *Are these filter-tip cigarettes?*
Nu vă place gustul acestui tutun? – *Don't you like the taste of this tobacco?*
Acest tutun de pipă este prea tare/slab – *This pipe tobacco is too strong/mild.*
Cât costă punga aceasta de tutun, vă rog? – *How much is this tobacco pouch, please?*
Vreau să cumpăr: – *I want to buy:*
– o brichetă – *a cigarette lighter*
– un portţigaret – *a cigarette holder*
– un curăţitor de pipe – *a pipe cleaner*

– benzină pentru brichetă – *some oil for my lighter*
Daţi-mi o cutie de chibrituri, vă rog – *Give me a box of matches, please.*
Mi-am uitat bricheta acasă – *I've left my lighter behind.*
Eu fumez ţigări de foi – *I smoke cigars.*
Sunteţi amabil să-mi daţi un foc? Vreau să-mi aprind ţigara – *Would you give me a light, please? I want to light my cigarette.*

> **La un magazin universal** – *At a Department Store*

a se îmbrăca – *to dress*
a se dezbrăca – *to undress*
a purta (o haină) – *to wear*
a scoate – *to take off*
a pune – *to put on*
mi se potriveşte (mărime) – *it fits me*
mi se potriveşte (stil, culoare) – *it suits me*
pantofi – *shoes*
cizme – *boots*
a încerca/ a proba – *to try on*
tricou – *tee shirt*
lenjerie – *underwear*
ciorapi (dres) – *tights*
şosetă – *sock*
chiloţi – *pants*
pijama – *pyjamas*
un capot – *a dressing-gown*
o umbrelă – *an umbrella*
o cravată – *a tie*
o batistă – *a handkerchief*
o eşarfă – *a scarf*
o pereche de mănuşi – *a pair of gloves*
o poşetă – *a hand bag*
un ceas – *a watch*
un colier – *a necklace*
un inel – *a ring*
bijuterii – *jewels*

palton (jachetă/ haină) – *a coat*
un pardesiu – *an overcoat*
o haină de ploaie (impermeabil) – *a raincoat*
o jachetă – *a jacket*
un costum – *a suit*
o bluză – *a blouse*
o rochie – *a dress*
o fustă – *a skirt*
(o pereche de) pantaloni – *(a pair of) trousers*
(o pereche de) pantaloni scurţi – *(a pair of) shorts*
un jerseu – *a sweater*
o mânecă – *a sleeve*
gulerul – *a collar*
un nasture – *a button*
un buzunar – *a pocket*
o pălărie – *a hat*
o curea – *a belt*
o basca (o şapcă) – *a cap*
ochelari (de soare) – *(sun-)glasses*
lentile de contact – *contact lenses*
lână – *wool*
piele – *leather*
material – *material*
albastru – *blue*
alb – *white*
roşu – *red*
verde – *green*
galben – *yellow*
roz – *pink*
maro – *brown*
negru – *black*

♦ **Confecţii bărbaţi** – *Gentelman's Outfitter*

Unde este raionul de confecţii pentru bărbaţi, vă rog? – *Where is the gentleman's department, please?*
Etajul trei la dreapta, domnule – *Third floor to the right, sir.*

(Haideți) să intrăm aici să vedem ce au – *Let's go in here and see what they have got.*
Pot să mă uit mai îndeaproape la aceste costume? – *May I have a closer look at these suits?*
Desigur, domnule – *Yes, certainly.*
Nu-mi place nuanța aceasta de bleu – *I don't like this blue shade.*
Nu aveți ceva mai deschis/maro închis? – *Have you got something lighter/in dark brown?*
Întrebați cât costă – *Ask how much it is.*
Vă mai pot arăta ceva? – *Is there anything else I can show you?*
Voi încerca să găsesc un costum de gata care mi se potrivește – *I'll try to find a ready-made suit that fits me.*
Vreau să văd un costum de lucru la un rând – *I want to see a single-breasted business suit.*
Purtați o măsură obișnuită/care depășește măsurile standard? – *Are you stock size/out size?*
Vreți, vă rog, să-mi arătați: – *Will you, please, show me:*
– o haină – *a jacket*
– o pereche de pantaloni – *a pair of trousers*
– o manta de ploaie – *a raincoat*
– un fulgarin – *a waterproof*
– un raglan – *a raglan*
– un palton – *an overcoat*
– un palton îmblănit – *a fur coat*
– un pardesiu – *a light overcoat*
Pot să-l încerc? – *May I try it on?*
Desigur. Vreți, vă rog, să veniți la cabinele de probă? – *Certainly. Will you, please, come over to the dressing rooms?*
Pare să mi se potrivească – *It seems to fit well.*
Se potrivește perfect – *It certainly is a perfect fit.*
Vreți s-o (să-l) luați? – *Do you want to take it?*
Nu m-am hotărât încă – *I haven't quite made up my mind.*
Mă mai gândesc. Trec mai târziu – *I shall think it over. I'll return later.*

♦ **Confecţii femei** – *Ladies' Dress Department*

Vreau să aleg o bluză drăguţă – *I want to choose a nice blouse.*
Au şi un sortiment bogat de rochii – *They also have a good collection of frocks.*
Uite! Are loc o paradă a modei – *Oh, look! There's a fashion parade on.*
Rochia aceasta pare foarte elegantă – *This frock seems to be very smart.*
Vreau: – *I want:*
– un palton – *a coat*
– o rochie – *a dress*
– o rochie de seară – *an evening dress*
– o fustă – *a skirt*
– un taior – *a coat and skirt*
– o jachetă – *a coat (jacket)*
Arătaţi-mi, vă rog, o revistă de mode – *Please, show me a fashion magazine.*
Aş vrea să văd ultimele modele pentru bărbaţi/femei/copii – *I'd like to see the latest men's/ladies'/children's designs.*

♦ **Stofe** – *Materials*

Arătaţi-mi, vă rog, un material pentru un costum bărbătesc/de damă – *Please, show me some material for a man's/lady's suit.*
Aş dori un material mai deschis/închis – *I'd like a lighter/darker material.*
Acesta este de lână pură? – *Is this pure wool?*
Ce lăţime are? – *How wide is it?*
Câţi metri îmi trebuie pentru...? – *How many meters do I need for...?*
– o rochie – *a dress*
– un costum – *a suit*
– un palton – *an overcoat*
Îmi trebuie trei metri – *I need three meters.*
Aveţi şi alte nuanţe/modele? – *Have you got some other shades/patterns?*
Modelul acesta este prea deschis – *This pattern is too bright.*

♦ **Galanterie** – *Haberdashery*

Îmi trebuie: – *I need:*
– un fular – *a muffler*
– bretele – *braces*
– o pijama – *pyjamas*
– o cravată – *a necktie*
– un buton de guler – *a stud*
– butoni de manşetă – *cuff-links*
– un maiou – *a siuglet (vest)*
– ciorapi bărbăteşti – *socks*
– chiloţi bărbăteşti – *short pants (short-drawers)*
– indispensabili – *pants*
– lenjerie bărbătească – *men's (gent's) underwear*
– lenjerie de damă – *women's underwear*
– un furou (combinezon) – *a slip*
– un jupon – *a petticoat (underskirt)*
– un sutien – *a brassiere (bra)*
– chiloţi de damă – *panties (woman's drawers)*
– un capot (neglijeu) – *a dressing gown*
– o cămaşă de noapte – *a night gown*
– o centură /un port-jartier – *a corset/suspender-belt*
– ciorapi – *stockings*
– jartiere – *garters*
Cât costă ...? – *How much is ...?*
– o panglică – *a ribbon*
– un ac de păr – *a hairpin*
– un batic – *a kerchief*
– o batistă – *a handkerchief*
– o eşarfă – *a scarf*
Aş vrea să văd nişte cravate. – *I would like to look at some ties.*
Vreau o cravată cu un model elegant. – *I want one with an elegant design.*
Ceva mai închis, vă rog. – *Something darker, please.*
Aceasta nu se asortează cu costumul. – *This won't go with my suit.*
Nu doriţi nişte batiste drăguţe? – *How about some nice handkerchiefs?*
Nu, mulţumesc. – *No, thank you.*

Nu am nevoie de batiste. – *I don't need any handkerchiefs.*
Vreau o cămaşă subţire de nailon albastră. – *I want a light blue nylon shirt.*
Mă tem că nu avem măsura dv. – *I'm afraid we haven't got your size.*
Se spală bine? – *Does it wash well?*
Sper că nu intră la spălat. – *I hope it won't shrink.*
Este garantată, nu intră la spălat. – *It is guaranteed that it won't shrink. (It is shrink proof).*
Gulerul îşi va păstra (menţine) forma? – *Will the collar keep its shape?*
Iau această cămaşă. – *I want to have this shirt.*
Daţi-mi un umeraş de plastic pentru cămaşa, vă rog. – *Give me a plastic hanger for the shirt, please.*
Spuneţi-mi, vă rog, cât am de plată. – *Would you, please, tell me what the bill comes to?*

♦ **Pălării** – *Hats*

Îmi puteţi recomanda un magazin bun de pălării? – *Could you recommend a good hat shop?*
Aş vrea să cumpăr: – *I'd like to buy:*
– o pălărie de damă – *a lady's hat*
– o beretă – *a beret*
– o pălărie de pai – *a straw hat*
– o pălărie de fetru cu bor îngust – *a narrow-brimmed hat*
– o căciulă – *a fur cap*
Pălăria aceasta mi se potriveşte? – *Does this hat suit me?*
Încercaţi-o pe aceasta. – *Try this one, please.*

♦ **Tricotaje** – *Knitted Goods*

Vreau o cămaşă bărbătească tricotată. – *I want a man's knitted shirt.*
Alegeţi, vă rog, un tricou care să mi se potrivească. – *Please, select a jumper (knitted jersey) to fit me.*
Un pulover, vă rog. – *A pull-over (sweater), please.*
Arătaţi-mi, vă rog, lenjerie tricotată de damă/bărbătească/de copii. – *Please, show me some ladies'/men's/children's knitted underwear.*

♦ **Raionul cosmetică** – *Cosmetic Department*

Vreau o sticluță de parfum, vă rog. – *I want a small bottle of scent (perfume), please.*
Parfumul acesta este prea puternic. – *This scent is too strong.*
Vreau unul mai slab. – *I want something milder.*
Acesta are un miros plăcut. – *This one has a pleasant smell.*
Aveți apă de colonie? – *Have you got eau-de-Cologne?*
Îmi trebuie niște cremă de față/pudră. – *I need some face cream/powder.*
Îmi puteți da...? – *Can I have ...?*
– o pastă de dinți – *a tube of toothpaste*
– un săpun – *a cake of soap*
– un ruj de buze – *a lipstick*
– acest lac de unghii – *this nail varnish (polish)*
– o periuță de dinți – *a tooth-brash*
– o perie de unghii – *a nailbrush*
– o perie de păr – *a hair-brush*
– un pachet de lame de ras – *a packet of razor blades*
Aveți o nuanță mai închisă/mai deschisă de ruj? – *Haven't you a darker/lighter shade of lipstick?*
Iau acest ruj. Îmi place nuanța. – *I'll take this lipstick. I like the shade of it.*
Ce pulverizator drăguț! – *What a lovely scent spray!*
Cât costă, vă rog? – *How much is it, please?*

♦ **Bijuterii** – *Jewellery*

Arătați-mi, vă rog...?: – *Could you show me ...?*
– un inel – *a ring*
– o broșa – *a broach*
– o brățară – *a bracelet*
– o verighetă – *a wedding-ring*
– niște cercei – *some earrings*
– un colier simplu/ dublu/triplu – *a single/double/triple necklace*
– un lanț – *a chain*
– un medalion – *a locket*

– un diamant – *a diamond*
– o perlă – *a pearl*
– un rubin – *a ruby*
– un smarald – *an emerald*
– un pandantiv – *a pendant*
Aş dori această curea de ceas. – *I'd like to buy this watch strap.*
Vreau: – *want:*
– un ceas (de masă) – *a clock*
– un ceas de perete – *a wall clock*
– un ceas deşteptător – *an alarm clock*
– un cronometru – *a stop watch*
Care este perioada de garanţie? – *How long is the guarantee?*
Caut un cadou potrivit pentru o domnişoară/o doamnă/un domn. – *I'm looking for a suitable gift for a young lady/a lady/a gentleman.*
Ce mi-aţi putea recomanda? – *What would you suggest?*

♦ **Aparate electrice** – *Electrical Appliances*

Cum funcţionează această maşină de spălat? – *How does this washing machine work?*
Cât consumă acest frigider? – *How much electricity does this refrigerator use?*
Aveţi o baterie de lanternă? – *Have you a battery for a pocket torch?*
Cât costă...? – *How much is...?*
– un aparat de ras electric – *an electric razor*
– un ceainic electric – *an electric kettle*
– un fier de călcat – *an iron*
– o maşină electrică de tocat carne – *an electric meat-grinder*
– un aspirator de praf – *a vacuum cleaner*
– un aparat electric de lustruit parchetul – *an electric floor polisher*

♦ **Obiecte de porţelan şi sticlă** – *China and Glassware*

Arătaţi-mi, vă rog, un: – *Please, show me a:*
– serviciu de masă – *dinner service*
– serviciu de cafea – *coffee service*
– serviciu de ceai – *tea service*

Iau: – *I'll take:*
– acest ceainic – *this tea-pot*
– aceste farfurii – *these plates*
– aceste ceşti – *these cups*
– aceste pahare – *these glasses*
– aceste pahare de vin – *these tumblers (wine glasses)*
– aceste vaze – *these vases*
– această garafă de cristal – *this cut-glass decanter*

♦ **Mobilă** – *Furniture*

Cât costă această garnitură de...? – *How much is this...?*
– salon – *lounge suite*
– dormitor – *bedroom suite*
– sufragerie – *dining-room suite*
Arătaţi-mi, vă rog, nişte covoare lucrate de mână. – *Show me some hand-woven carpets, please.*
Ce mărime are acest covor? – *What size is this carpet?*
Vă interesează mobila de epocă? – *Are you interested in period furniture?*
Articole fotografice – *Photographic Goods*
Îmi trebuie un aparat de fotografiat. – *I need a camera.*
Ce intensitate are lentila acestui aparat? – *What is the lens power of this camera?*
Vreau: – *I want:*
– un film – *a film*
– hârtie fotografică – *hard paper*
– un aparat de developat – *a developer*
– un fixator – *a fixer*
– un aparat de mărit – *an enlarger*
– un set de filtre – *a set of filters*
– casete – *cartridges*
– un aparat de proiecţie – *a film projector*
– diapozitive – *film slides*
Care este viteza acestui film? – *What is the speed of this film?*

♦ **Instrumente muzicale** – *Musical Instruments*

Iau niște discuri. – *I shall take some records.*
Pot să ascult acest disc/ aceste discuri? – *May I hear this record/ these records?*
Îmi puteți da o selecție de discuri cu...? – *Can I have a selection of...?*
– muzică de dans – *dance music records*
– muzică simfonică – *simphony records*
– muzică de operă – *opera records*
– muzică populară – *folk song records*
Aveți discuri cu muzica lui Enescu? – *Do you have Enescu records?*
Ce discuri microsion aveți? – *What long-playing records have you?*
Câte registre are acest acordeon? – *How many registers has this accordion?*
Pot să văd...? – *Can I have a look at a...?*
– o vioară – *violin*
– un nai – *pan pipe*
– un cimpoi – *bagpipe*
– un țambal – *dulcimer*
– un caval – *long shepherd's pipe*
– un fluier – *pipe*
– o mandolină – *mandoline*
– o ghitară – *guitar*
Vreau să cumpăr niște partituri (muzicale). – *I'd like to buy some scores.*
Aveți libretul acestei opere de Verdi? – *Do you have the libretto of this opera by Verdi?*
Cât costă...? – *How much is a...?*
– un arcuș – *bow*
– o coarda – *string*
– un pupitru – *music stand*

♦ **Articole sportive** – *Sports Goods*

Îmi trebuie o armă de vânătoare. – *I need a sporting gun.*
Arătați-mi, vă rog, niște unelte de pescuit. – *Please, show me some fishing tackle.*

Arătaţi-mi, vă rog, o bicicletă. – *Please, show me a bicycle.*
Câtă benzină consumă această motocicletă? – *How much petrol does this motorcycle use?*
Îmi puteţi da o rachetă de tenis/mingi de tenis? – *Can I have a tennis racket/tennis balls?*
Îmi trebuie: – *I want:*
– o minge de fotbal – *a football*
– bocanci de fotbal – *football boots*
– jambiere – *leggings*
– chiloţi – *shorts*
– un maiou – *a football shirt*
– un tricou – *a jersey*
– un sac de echipament – *a kit-bag*
– ceară de schiuri – *ski wax*
– un costum de schi – *a skiing suit*
Ce legături de schiuri aveţi? – *What ski bindings do you stock?*
Prietenul meu vrea să cumpere o cască/o pereche de mănuşi de box. – *My friend wants to buy a rubber cap/a pair of boxing gloves.*

> ➢ **Instrumente optice** – *At the Optician's*

Mi-am spart ochelarii – *I have broken my glass*
Îmi puteţi înlocui lentilele ? – *Can you replace the lens?*
Vreau să comand o pereche de ochelari. – *I want to order a pair of glasses.*
Sunt miop/prezbit. – *I am short-sighted/longsighted.*
Vreau să-mi repar/înlocuiesc ochelarii. – *I want my spectacles mended /renewed.*
Aş vrea rame de: – *I should like:*
– metal – *metal rims*
– aur – baga – *tortoiseshell rims*
– *gold rims*
Arătaţi-mi, vă rog, un binoclu de teatru. – *Please, show me a pair of opera glasses.*
Vreau o lupă. – *I want a magnifying glass.*
Îmi puteţi da o pereche de ochelari de soare/ ochelari de protecţie? – *Can I have a pair of sun-glasses/goggles?*

Poftiți domnule/doamnă. – *Here you are sir/madam.*

> ➤ **La florărie** – *At a Flower Shop*

Faceți-mi un buchet de flori, vă rog. – *Make me up a bunch of flowers, please.*
Aș dori un buchet de trandafiri roșii și albi. – *I should like a bunch of red and white roses.*
Vreți să trimiteți florile la această adresă? – *Would you send the flowers to this address?*
Cât costă un coș cu flori? – *How much is a basket of flowers?*
Ne trebuie o coroană de flori proaspete. – *We need a wreath of fresh flowers.*
Vă rog, puneți o panglică la coroană cu aceste cuvinte. – *Please, put a ribbon on the wreath with these words.*
Acestea sunt flori de seră/cultivate/sălbatice? – *Are these greenhouse/cultivated/wild flowers?*
Îmi plac foarte mult: – *I'm very fond of:*
– garoafele – *carnations*
– lalelele – *tulips*
– crinii – *lilies*
– crizantemele – *chrysanthemums*
– daliile – *dahlias (georgines)*

> ➤ **La un magazin de artizanat** – *At a Folk and Craft Shop*

Vreau să cumpăr niște cadouri pentru prieteni. – *I want to buy some presents for my friends.*
Este vreun magazin de cadouri prin apropiere? – *Is there a gift shop anywhere near?*
Arătați-mi, vă rog, o păpușă în costum național. – *Please, show me a doll in national dress.*
Vreau un costum național românesc. – *I want a Romanian national costume.*
Pot să mă uit la…? – *Can I have a look at this…?*
– acest covor lucrat de mână – *hand-woven carpet*
– această carpetă – *rug*

– această scoarţă – *wall carpet*
– această broderie – *embroidery*
– această catrinţă – *peasant homespun skirt*
– acest mileu – *mat*
Aş vrea să cumpăr: – *I'd like to buy:*
– o ie – *an embroidered peasant shirt/blouse*
– o fotă – *a peasant skirt*
– o centură de piele de porc – *a pig leather girdle*
– un chimir – *a peasant belt*
– o pungă de piele de porc – *a pig leather purse*
– un portmoneu brodat – *an embroidered wallet*
Ce altceva îmi mai puteţi arăta? – *What else can you show me?*
Avem un larg sortiment de obiecte de artizanat. – *We have a wide selection of folk craft objects.*

❏ LA OFICIUL POȘTAL – *AT THE POST-OFFICE*

Vreau să expediez această scrisoare – *I want to send this letter off.*
Cum ajung la oficiul poștal? – *How do I get to the post-office?*
Când este deschis oficiul poștal? – *When is the post-office open?*
Apropo, știți cât costă timbrele pentru o scrisoare în Anglia? – *By the way, do you know what the postage is on a letter to England?*
Mi-ați putea pune aceste scrisori la cutie? – *Could you post these letters for me?*
La ce oră se ridică corespondența? – *When will the mail be collected? (What's the next time for collection?)*
Ce timbre trebuie pentru o scrisoare simplă /par avion în...? – *What stamps do I need for an ordinary letter/ airmail letter to...?*
Cât costă o carte poștală până în Statele Unite? – *How much is a postcard to the USA?*
Care este taxa poștală pentru imprimate? – *What's the postage for printed matter?*
Dați-mi, vă rog: – *Please give me:*
– un formular de telegramă – *a telegram form*
– un mandat – *a money order form How much is a word?*
Cât costă cuvântul? – *How much is a word?*
Va ajunge la destinație astăzi? – *Will it reach the address today?*
Vreau să trimit o telegramă cu răspuns plătit – *I want to send a reply-paid telegram.*
Unde se expediază/primesc coletele? – *Where does one hand in/receive parcels?*
Aceasta este o scrisoare cu confirmare de primire? – *Is this a letter with notification of delivery?*
Vreau să expediez această scrisoare recomandată – *I want this letter registered.*
Completați, vă rog, acest formular cu litere de tipar – *Will you kindly fill in this form in block letters?*

Unde este ghişeul pentru colete? – *Where's the parcel counter?*
Vreţi să expediaţi acest colet prin poştă? – *Will you send this parcel by post?*
Vreţi, vă rog, să mi-l cântăriţi? – *Could you, please, weigh it for me?*
Sper că nu depăşeşte greutatea – *I hope it is not overweight.*
Vreţi să-l asiguraţi? – *Do you want to have it insured?*
Da, vă rog – *Yes, please.*
Aş vrea să-mi expediaţi corespondenţa la adresa aceasta – *I'd like my mail to be forwarded to this address.*

➤ **Convorbire telefonică** – *Speaking on the Phone*

taifas, conversaţie – *chat*
conversaţie, convorbire, discuţie – *conversation*
a forma (un număr de telefon) – *to dial*
tare (cu voce tare) – *loud*
mai tare – *louder*
număr – *number*
zero (la telefon) – *0*
a ridica – *to pick up*
receptor – *receiver*
a telefona – *to ring up*
ton (la telefon) – *signal*
telefon – *telephone*
Trebuie să dau un telefon – *I have to make a telephone call.*
Vă rog, pot să folosesc telefonul dv.? – *Please, may I use your telephone?*
Îmi pare rău, telefonul este defect – *I'm sorry, the telephone is out of order.*
Va trebui să vorbiţi de la un telefon public – *You'll have to use a public telephone.*
Unde se află telefonul public cel mai apropiat? – *Where's the nearest (telephone) call-box?*
Aveţi numărul de telefon? Mai bine uitaţi-vă în carte ca să fiţi sigur – *Have you got the telephone number? You'd better look it up to make sure.*

Nu-l găsesc. Se pare că nu este în carte – *I can't find it. It doesn't seem to be in the directory.*
Să chemăm (sunăm) „Informațiile" – *Let's ring „Directory Inquiry".*
Ați putea să telefonați dumneavoastră pentru mine? – *Could you make that call for me?*
Alo, pot să vorbesc cu domnul...? – *Hello, can I speak to Mr...?*
Cine să-i spun că-l caută? – *Who shall I say is calling?*
Nu uitați să introduceți o monedă în aparat – *Don't forget to drop a coin in the slot.*
Firul este liber? – *Is the line clear (free)?*
Nu, (firul) este ocupat – *No, the line is engaged.*
Trebuie să fie o greșeală. Mi-ați dat un număr greșit – *It must be a mistake. You gave me a wrong number.*
Îmi puteți da legătura cu...? – *Can you put me through to...?*
Pot să vorbesc cu domnul..., vă rog? – *May I speak to Mr.... please?*
Așteptați la aparat o clipă. Să văd dacă dl. ... este aici – *Just a moment, hold the line. I'll see if Mr... is in.*
Aveți legătura cu... – *You are through to...*
Vorbiți, vă rog – *Go ahead, please.*
Cine e la aparat? – *Who's that calling? (Who's speaking?)*
La aparat (telefon)... – *This is... speaking.*
Domnul... nu este aici. Ați putea telefona mai târziu? – *I'm afraid Mr... is not in. Could you call back later?*
Nu vă aud. Vă rog vorbiți mai tare – *I can't hear you. Please speak louder.*
Telefonul sună, dar nu răspunde nimeni – *The phone rings but nobody answers it.*
Nu întrerupeți legătura, nu am terminat convorbirea – *Don't cut us off/disconnect, we are still speaking.*
Nu răspunde nimeni – *There's no reply.*
Greșeală! (ați greșit numărul!) – *Wrong number!*
Acest număr nu aparține de această centrală – *This number is not on this exchange.*
Nu este în această zonă – *It's not within the local call area.*
Va trebui să cereți o convorbire interurbană – *You'll have to make a trunk call.*

Unde este oficiul de convorbiri internaţionale? – *Where's the trunk call (long distance call) office?*
Aş vrea să vorbesc cu Londra – *I'd like to put a call through to London (Could you book me a call through to London?).*
Mi-au făcut legătura cu un număr greşit – *They switched me to a wrong number.*
Au răspuns? – *Have they answered?*
În caz de urgenţă telefonaţi la... pentru pompieri/miliţie/salvare – *Dial... for emergency calls to fire/militia/ ambulance.*

> **Corespondenţă** – *Writing a Letter*

A adus poştaşul scrisorile? – *Has the postman delivered the letters?*
Aveţi vreo scrisoare pentru mine? – *Have you any letter for me?*
Ieri am primit o scrisoare cu poşta de dimineaţă – *I had a letter by the morning post yesterday.*
Aţi primit o scrisoare de la prietenul dv.? – *Did you have a letter from your friend?*
Vreau să-i răspund la scrisoare – *I want to reply to his letter.*
Cum se începe o scrisoare în româneşte? – *How does one start a letter in Romanian?*
Cum ne adresăm în scris? – *How do I address people in letters?*
Stimată doamnă – *Dear Madam*
Stimate domn/stimaţi domni – *Dear Sir/Sirs*
Dragă domnule... – *Dear Mr...*
Dragă doamnă... – *Dear Mrs...*
Dragă domnişoară... – *Dear Miss...*
Cum se încheie de obicei o scrisoare? – *What are the usual endings for a letter?*
Al dumneavoastră sincer – *Yours sincerely*
Al dumneavoastră cu respect – *Yours faithfully (truly)*
„Cu drag(oste)" este adesea folosit între prieteni şi rude – *„With love from..." is often used between friends and relatives.*
Cele mai bune urări – *Best wishes.*
Nu uitaţi să puneţi data/să semnaţi scrisoarea – *Don't forget to date/sign your letter.*
Mai am de scris doar adresa – *I have only the address to write.*

❏ SĂNĂTATEA – *HEALTH*

dieta, regim – *diet*
sănătos – *in good health*
nu prea sănătos – *in bad health*
mă simt bine – *I feel good*
bolnav – *ill/ sick*
boala – *illness, disease*
a vindeca – *to recover*
rănit – *injured/ hurt*
neatins – *unhurt*
durere de cap – *headache*
durere de stomac – *stomach-ache*
durere de dinţi – *toothache*
durere de gât – *sore throat*
chirurg – *surgeon*
asistentă medicală – *nurse*
a avea febră (temperatură) – *to have temperature*
a (se) răni, a durea – *to hurt*
a tuşi – *to cough*
a lua un medicament – *to take a medicine, to take a drug*
reţetă – *prescription*
a avea o răceală – *to have a cold*
a avea gripă – *to have the flue*
a rupe un picior – *to break a leg*
a rupe un braţ – *to break an arm*
m-am tăiat la deget – *I cut my finger*
a avea o operaţie – *to have surgery*
a fi operat – *to be operated on*
raze X – *X-rays*

➢ **Expresii generale** – *General Expressions*

Cum vă simţiri? – *How are you?*
Foarte bine, mulţumesc. – *Fine, thank, you.*
Din păcate nu prea bine. – *Not too well, I'm sorry to say.*
Vă simţiţi mai bine astăzi? – *Do you feel any better today?*
Am fost foarte bolnav, dar acum o duc bine. – *I was very ill but I am getting on nicely now.*
Nu arătaţi bine; vi s-a întâmplat ceva? – *You don't look well; is something the matter with you?*
Mă doare capul/stomacul. – *I have a headache/ stomach-ache.*
Nu-i nimic, nu vă neliniştiţi. Voi încerca să-mi revin. – *It's all right, don't worry. I'll try to pull myself together.*
Tuşesc mult. – *I have a (bad) cough.*
Credeţi că ar trebui să stau câteva zile în pat? – *Do you think I ought to stay in bed for a few days?*
Sper că nu e nimic serios. – *I hope it's nothing serious.*
Mă doare tare aici. – *I feel sharp pains here.*
Aveţi temperatură? – *Got a temperature?*
Am dureri în tot corpul. – *I am aching all over.*
Vă doare gâtul? – *Does your throat hurt?*
Se pare că sunteţi foarte sensibil la răceală. – *You seem to be very sensitive to cold.*
Am o uşoară temperatură, dar cred că nu e nimic alarmant. – *I've a slight temperature, but I think there's nothing to worry about.*
Nu am poftă de mâncare. Nu mănânc nimic astăzi. – *My appetite is not good. I don't want to eat anything today.*
El a răguşit de tot, nu-i aşa? – *He is quite hoarse, isn't he?*
Trebuie să ţin regim? – *Must I go on a diet?*
Prietenul meu şi-a scrântit încheietura mâinii/glezna. – *My friend has sprained his wrist/ankle.*
S-a umflat tare. – *It's badly swollen.*
Atenţie, mâna dv. sângerează. – *I say, you're bleeding on your hand.*
S-a rănit grav când l-a lovit automobilul acela? – *Did he get badly hurt when he was knocked down by that car?*
Când v-aţi îmbolnăvit? – *When did you fall ill?*
Am fost operat. – *I've been operated on.*

Ați luat tablete/picături? – *Have you taken any pills/drops?*
Am slăbit/m-am îngrășat. – *I've lost/put on weight.*
Chemați doctorul. – *Send for a doctor.*
Chemați salvarea. – *Ring for the ambulance.*

➤ La doctor – *At the Doctor's*

Mă duc la doctor să-mi văd de sănătate. – *I'll see my doctor about my health.*
Doctorul dă consultații (primește) între orele 3-5 p. m. – *The doctor consults (sees the patients) between 3 p.m. and 5 p.m.*
Ce vă supără? – *What's your complaint?*
Mi s-a deranjat stomacul. – *My stomach is out of order.*
Să vă iau pulsul. – *Let me feel your pulse.*
Am o durere ascuțită în spate. – *I have a stabbing pain in my back.*
Arătați-mi limba. – *Let me see your tongue.*
Aveți poftă de mâncare? – *Is your appetite all right?*
Aveți dureri? – *Have you any pains?*
De când vă doare aici? – *How long has it been hurting here?*
Inspirați adânc. – *Breathe in deeply.*
Țineți-vă respirația o clipă. – *Hold your breath for a moment.*
Acum expirați încet. – *Now breathe out slowly.*
Trebuie să fac o radiografie? – *Must I be X-rayed?*
Da, trebuie să faceți o radiografie pulmonară. – *Yes, you must have your chest X-rayed.*
A suferit cineva din familie vreodată de...? – *Has anyone of your family ever had...?*
– tuberculoză – *tuberculosis*
– scarlatină – *scarlatina*
– malarie – *malaria*
– pneumonie – *pneumonia*
Am avut pojar/oreion/ difterie. – *I've had measles/ mumps /diphtheria.*
Care e diagnosticul? – *What's the diagnosis?*
Este o boală contagioasă (infecțioasă)? – *Is this illness catching (infectious)?*
Trebuie să mă internez în spital? – *Does it require hospital treatment?*

Cred că nu este nimic serios, dar e mai bine să fiți examinat (consultat) temeinic. – *I think there's nothing serious the matter with you, but you had better have a thorough examination.*
Pulsul dv. este normal/slab/neregulat/accelerat. – *Your pulse is normal/low/irregular/fast.*
Ce pot să mănânc/beau? – *What may I eat/drink?*
Duceți rețeta aceasta la farmacie să vă facă medicamentul. – *Take this prescription to the chemist's to get your medicine.*
Luați de trei ori pe zi după masă. – *Take it three times a day after meals.*
Luați cu o lingură de apă. – *Take a table-spoonful in water.*
Nu uitați să scuturați bine înainte de folosire. – *And don't forget: shake it well before using.*
Dacă nu vă faceți bine, veniți la mine din nou săptămâna viitoare. – *If you don't get better, come to see me again next week.*
Vă recomand să vă internați la spitalul... pentru a vă trata – *I'd recommend you to go to the ... hospital for treatment.*
Operația a decurs bine? – *Was the operation successful?*
Sunt complicații? – *Any complications?*
Convalescența nu va fi prea lungă – *Convalescence won't be too long.*
Vă doresc însănătoșire grabnică! – *Get well soon!*

➤ La dentist – *At the Dentist's*

Doctorul primește pacienții acum? – *Is the dentist seeing patients now?*
Trebuie să fixez ora de consultație la dentist – *I must make an appointment with the dentist.*
Am dureri de dinți – *I have a toothache.*
Ce pot lua pentru a calma durerea? – *What can be done to relieve the pain?*
Trebuie să-mi plombez un dinte – *I need a tooth stopped.*
Credeți că dintele acesta trebuie extras? – *Do you think this tooth must be pulled out?*
Este dureros? – *Will it be very painful?*
Va fi necesar să vă scot nervul – *It will be necessary to kill the nerve.*
Dinții dv. trebuie tratați – *Your teeth need attention.*

Când v-aţi tratat dinţii ultima oară? – *When did you last have them attended to?*
Mă tem că va trebui să puneţi o coroană/un dinte fals – *I'm afraid you'll need a crown/a false tooth.*
Vreau o coroană de aur/metal/plastic – *I want a gold/metal/plastic crown.*
Când trebuie să trec din nou? – *When shall I come again?*

➤ La farmacie – *At the Chemist's*

Trebuie să duc această reţetă la o farmacie – *I have to take this prescription to a dispensing chemist's.*
Poftiţi reţeta – *Here's my prescription.*
Mă tem că va trebui să vă preparăm acest medicament – *I'm afraid we'll have to make up this medicine for you.*
Vreţi să aşteptaţi cinci minute? – *Do you mind waiting five minutes?*
Medicamentul acesta este pentru uz extern sau intern? – *Is this medicine intended for external or internal use?*
Acesta este un preparat profilactic/antiseptic? – *Is this a prophylactic/antiseptic preparation?*
Mi-aţi putea da un calmant/un somnifer? – *Could you give me some pain-killer/sleeping tablets?*
Cum să-l iau? – *How shall I take it?*
Luaţi medicamentul după prescripţiile medicului – *Take the medicine in accordance with the prescriptions.*
Cât costă trusa aceasta de prim ajutor, vă rog? – *How much is this first-aid set, please?*
Mai vreau şi un pămătuf (de bărbierit) şi un brici – *Then I want a shaving-brush and a razor.*
Doriţi şi săpun de bărbierit? – *Do you want some shaving-soap, too?*
Da. Iau două bucăţi şi un săpun de faţă – *Oh, yes. I'll have two sticks and a tablet of toilet soap.*
Ce marcă doriţi? – *Which brand do you want?*
Vreau o sticlă de regenerator de păr – *I want a bottle of hair restorer.*

❏ DISTRACTII, OCUPATII IN TIMPUL LIBER – *AMUSEMENTS, PASTIMES*

➤ Expresii generale – *General Expressions*

Ce faceți in timpul liber? – *What do you do in your spare time?*
Îmi place să mă plimb. – *I'm rather fond of walking.*
Soției mele îi place să gătească. – *My wife loves cooking.*
Prietenul meu colecționează timbre. – *My friend is a stamp collector.*
Vă place să lucrați pe lângă casă? – *Do you like working about the house?*
Sorei mele îi place să croșeteze. – *My sister is very fond of knitting.*
Nouă ne place să primim musafiri. – *We enjoy entertaining guests.*
Eu sunt mare amator de filme. – *I am a movie fan.*
Mergeți des la concert/teatru/operă? – *Do you often go to the concert/theatre/opera?*
Ați vrea să faceți o plimbare? – *Would you like to go out for a walk?*
O să-mi facă bine. – *It will do me a lot of good.*
Unde ne-am putea petrece seara? – *Where could we spend this evening?*
Unde vreți, mi-este indiferent. – *Where you like, I don't mind.*
Ce posibilități de distracție există? – *What kind of entertainments are there to choose from?*
Prefer să stau acasă și să scriu niște scrisori. – *I'd rather stay at home and write some letters.*
Ne vedem deseară, atunci.. – *See you tonight, then.*

> **Cinema** – *Cinema*

Ce faceţi deseară? – *What are you going to do tonight?*
Vreau să merg la film (cinema). – *I want to go to the pictures (cinema).*
Vreţi să mergeţi cu mine? – *Would you like to come with me?*
Nu aveţi nici un program deseară, nu-i aşa? – *You haven't anything on this evening, have you?*
Mi-ar face plăcere să vă însoţesc. – *I'd be glad to join you.*
Unde mergem? – *Where shall we go?*
Ştiţi ce film este? – *Do you know what's on at the pictures?*
Unde rulează acum? – *Where is it showing now?*
Trebuie să scrie în ziar. Iată. – *It should be in the paper. Here we are.*
Mai este un film pe care l-am putea vedea. – *There's another picture on we might see.*
Este un film francez tehnicolor. – *It's a French tehni-colour picture.*
Este tradus/dublat în româneşte? – *Is it subtitled/dubbed hi Romanian?*
Este o comedie? – *Is it a comedy?*
Aş vrea să văd unul din noile filme stereofonice în cinemascop. – *I would like to see one of these new cinemascope pictures with stereophonic sound.*
Vă plac desenele animate? – *Do you like cartoons?*
Îmi plac: – *I like:*
– filmele artistice – *feature films*
– filmele poliţiste – *thrillers (whodunits)*
– westernurile (filmele cu cowboy) – *Westerns*
– filmele de călătorie – *travelogues*
– filmele de capă şi spadă – *cloak and dagger films*
– filmele documentare – *documentary films*
Mi-a plăcut foarte mult. – *The other day I saw one of the early silent/sound films.*
Deunăzi am văzut un film mut/sonor vechi. – *I really enjoyed it.*
Să vedem filmul istoric despre care vorbeaţi ieri. – *Let's see that historical film you were talking about yesterday.*
Acest film are mare succes. – *This picture has been a real success.*

A primit un premiu la festivalul de la Cannes. – *It has got an award at the Cannes Festival.*
Nu mai sunt bilete. – *All tickets are sold out.*
Nu mai sunt bilete decât în rândurile din față. – *There are only seats in the front rows left.*
Mai sunt locuri ieftine? – *Any cheap seats left?*
Vom lua niște bilete ieftine. – *We'll take some cheap seats.*
Am întârziat prea mult ca să mai găsim locuri bune. – *We are too late for the good seats.*
Cine este regizorul acestui film? – *Who is the director of this picture?*
Scenariul aparține lui – *The screen-play is by*
Este inspirat după celebrul roman al lui... – *It's based on the famous novel by...*
Astăzi se prezintă vreun jurnal de actualități? – *Is there any newsreel today?*
Cât durează filmul? – *How long will the show last?*
Spectacolul durează aproape trei ore. – *The show will last about three hours.*

➤ Teatru – *Theatre*

Se joacă vreo piesă pe care mi-ați putea-o recomanda? – *Is there any good play on you could recommend?*
Să mergem amândoi să vedem piesa. – *Let's both go and see the play.*
La care spectacol mergem? – *Which performance shall we go to?*
Voi încerca să obțin bilete pentru spectacolul de seară. – *I'll try to get seats reserved for the evening performance.*
După câte știu biletele se pot cumpăra dinainte. – *As far as I know all seats are bookable in advance.*
Să luăm bilete pentru fotoliul de orchestră /lojă/balcon. – *Let's take tickets for the orchestra stalls /the box/the dress circle.*
Lăsați-vă haina la garderobă. – *Leave your coat in the cloak-room.*
Vreau un program/un binoclu. – *I want a programme/a pair of opera glasses, please.*
Cortina s-a ridicat. – *The curtain is up.*
După actul doi va fi o pauză. – *There will be an interval after the second act.*

Unde are loc acțiunea piesei? – *Where does the action of the play take place?*
Decorurile și costumele aparțin lui ... – *The scenery and costumes have been designed by...*
Este vreun nume cunoscut printre interpreții acestei piese? – *Are there any well-known actors taking part in this play?*
A. este unul dintre actorii noștri/una dintre actrițele noastre de frunte. – *A, is one of our leading actors /actresses.*
Cine interpretează (joacă) rolul lui...? – *Who plays the part of...?*
Distribuția este cu totul deosebită. – *The cast is really unusual.*
Această piesă ține scena (se joacă) cu succes de aproape zece luni. – *This play has had almost 10 months of successful running (on the stage).*
Când va avea loc premiera piesei? – *When will be the first night of the play?*
Într-un parc are loc un spectacol în aer liber. – *There's an open-air performance in a park.*
Vreți să-l vedeți? – *Do you care to see it?*

➢ Muzică. Operă. Concert – *Music. Opera. Concert*

Vă place muzica? – *Do you like music?*
Muzica mă pasionează. – *I am a great lover of music.*
Știți să cântați la vreun instrument? – *Do you play any instrument?*
Când eram mai tânăr cântam la pian/vioară/ trompetă /flaut. – *I used to play the piano /violin/trumpet/flute when I was younger.*
Care este compozitorul dv. preferat? – *Who is your favourite composer?*
Îmi place numai muzica de cameră/clasică/simfonică/modernă. – *I only like chamber/classical /symphonic/modern music.*
Ce este deseară la operă? – *What's on at the opera tonight?*
Sunt scumpe biletele la operă? – *Are the seats at the opera very expensive?*
Ce cuprinde programul? – *What's on the programme?*
Cine dirijează? – *Who is conducting (the conductor)?*
Cine este solistul? – *Who is the soloist? (Who plays the solo part?)*

Ați ascultat concertul Beethoven de săptămâna trecută? – *Did you hear the Beethoven concert last week?*
A fost un spectacol remarcabil cu uvertura Coriolan. – *It was an excellent performance of the Coriolan Overture.*
V-a plăcut cum a cântat...? – *Did you like the way . . . played?*
El este unul dintre cei mai mari muzicieni în viață. – *He is one of the greatest living musicians.*
Ultima sa lucrare/operă a devenit celebră în lumea întreagă. – *His last great work/opera has won world fame.*
Vreau să merg la viitorul recital de lieduri de Schubert. – *I want to go to the next recital of Schubert's lieder.*
Un celebru cvartet de coarde din ... va da un concert mâine. – *A famous string-quartet from ... will be giving a concert tomorrow.*
Vă place jazul? – *Do you like jazz?*
Prefer muzica ușoară celei clasice. – *I prefer light music to classical music.*
Nu-mi place muzica vocală/corală. – *I don't like vocal music/ choral music.*
Merg în fiecare săptămână la concert. – *I go to the concert every week.*

➤ **Dansul** – *Dancing*

Deseară mă duc la dans. – *I'm going to a dance tonight.*
Vreau s-o invit pe prietena mea la dans. – *I want to invite my girlfriend to a dance.*
Ei îi place foarte mult dansul. – *She loves dancing.*
Știți să dansați? – *Can you dance? (Do you dance?)*
Pot să vă invit la dans? (Îmi puteți acorda acest dans?) – *May I ask you to this dance? (May I have this dance?)*
Desigur. – *Certainly,*
Regret, trebuie să vă refuz. – *Sorry, I must refuse.*
Am partener. – *I alrfody have a partner.*
Sunt obosită, vreau să mă odihnesc dansul acesta. – *I'm tired, I want to sit out this dance.*
Nu-mi place valsul. – *I don't like waltzing.*
Nu dansați în ritm. – *You don't keep time to the music.*
Nu mă prea pricep la dans. – *I'm not much of a dancer.*

Scuzaţi, v-am călcat pe picior. – *I'm sorry, I stepped on your toe.*
Orchestra este prea zgomotoasă /monotonă, nu-i aşa? – *The band is too noisy/ slow, isn't it?*
V-a plăcut dansul acesta? – *Did you enjoy this dance?*
Care este dansul dv. preferat? – *Which is 3'our favourite dance?*
Pot să vă însoţesc acasă după dans? – *May I see you home after the dance?*

➢ Muzee şi expoziţii – *Museums and Exhibitions*

Vreau să văd muzeele şi expoziţiile oraşului. – *I want to see the museums and exhibitions of the town.*
Aş dori un ghid (însoţitor). – *I should like to have a guide.*
Vă interesează arta românească veche/modernă? – *Are you interested in early/modern Romanian art?*
Trebuie să vedeţi şi Muzeul satului/Muzeul de artă populară – *You should also see the Village Museum the Folk Art Museum.*
Vă interesează pictura/gravura/sculptura? – *Are you interested in painting/engraving/sculpture?*
Vrem să vizităm Muzeul de ştiinţe naturale. – *We want to visit the Museum of Natural Sciences.*
Când este deschisă Galeria naţională de artă? – *When is the National Art Gallery open?*
Ce tablouri se găsesc în acest muzeu/această galerie? – *What pictures are there in this museum/gallery?*
Aceasta este o copie? – *Is this a copy?*
Cine a pictat pânza aceasta? – *Who painted this picture?*
Vă place pictura nonfigurativă? – *Do you like non-representational painting?*
Muzeul acesta este deschis zilnic? – *Is this museum open daily?*
De unde pot lua reproduceri după tablouri? – *Where can I obtain reproductions of the pictures?*
Al cui este portretul acela? – *Whose portrait is that?*
Expoziţia tocmai s-a deschis. – *The exhibition has just opened.*
Care sunt orele cele mai potrivite de vizitare? – *What are the best times to visit?*

Unde este sala de pictură vest europeană? – *Where is the room of West-European painting?*
Ce cărți a ilustrat acest artist? – *What books has this artist illustrated?*
Aceasta este o expoziție permanentă? – *Is this a permanent exhibition?*
Intrarea este liberă? – *Is admission free?*
Prietenul meu a deschis o expoziție personală. – *My friend is having a one-man exhibition.*

➤ **Radioul și televiziunea** – *Radio and Television*

Sunteți pasionat după radio? – *Are you a wireless fan?*
Aveți un aparat de radio cu tranzistori portabil? – *Do you have a portable transistor set (receiver) ?*
Da, funcționează cu baterii. – *Yes, it is operated by battery.*
Din păcate nu prind decât posturile locale. – *Unfortunately I don't get anything beyond the local stations.*
Recepția este cam slabă/destul de bună. – *Reception is rather poor/quite good.*
Sunetul nu este prea clar. – *The sound is not clear enough.*
Aparatul meu cu șase lămpi este defect. – *My big six-valve set is out of order.*
Se pare că s-a defectat o lampă. – *A valve seems to be faulty.*
Aveți nevoie de antenă? – *Do you need an aerial?*
Este un aparat foarte puternic. – *It's quite a powerful set.*
Uneori prind și posturi străine pe unde scurte/medii/lungi. – *Sometimes I can even get overseas stations on the short/medium/long wave-band.*
Azi am pierdut buletinul de știri/buletinul meteorologic. – *I have missed the news/weather-report today.*
Să deschid /închid radioul? – *Shall I turn on/off the radio?*
Vreți să ascultați știrile/să ascultați radioul? – *Do you want to listen to the news/to listen in?*
Prindeți postul. – *Tune in to the station.*
Radio București transmite pe o altă lungime de undă. – *Radio Bucharest broadcasts on a different wave-length.*
Ochiul magic funcționează? – *Is the magic eye all right?*

Dați mai încet. (Reduceți volumul) – *Turn the sound down. (Turn it down.)*
Este prea tare. Îi deranjează pe vecini. – *It's too loud. It will annoy the neighbours.*
Acesta este semnalul a care dă ora exactă. – *That's the time signal.*
Ați ascultat comentariul acela sportiv interesant? – *Did you listen to that interesting sports commentary?*
S-a transmis aseară la radio. – *It was on the radio last night.*
Ce se transmite la radio deseară? – *What's on on the wireless tonight?*
Puteți să prindeți muzică de dans? – *Can you turn on to some dance-music?*
Se va transmite un program de muzică ușoară. – *A programme of light music will be broadcast.*
Am un picup nou. – *I've got a new record-player.*
Să pun unul din aceste discuri? – *Shall I put on one of these records (disks)?*
Să ascultăm niște discuri (plăci). – *Let's listen to some records.*
Vreau să cumpăr un televizor. – *I want to buy a television set.*
Care sunt cele mai bune televizoare pe piață? – *What are the best television sets at present?*
Ce dimensiuni are ecranul? – *What's the size of the screen?*
Ce se transmite la televizor deseară? – *What's on on the television tonight?*
V-ați uitat la televizor aseară? – *Did you look in last night?*
Nu, nu m-am uitat. – *No, I didn't.*
Mă sustrage de la citit. – *It distracts me from reading.*
Trebuie să spun că mă uit zilnic la programele noastre de televiziune. – *I must say that I am a regular viewer of our television programmes.*
Îmi plac îndeosebi transmisiunile de sâmbătă la televizor. – *I particularly like the television transmissions on Saturday.*
Aparatul meu de radio/televizorul meu s-a defectat. – *My radio set/TV set has broken down.*
Trebuie să-mi duc aparatul la reparat. – *I must get my set mended.*
Ce marcă este acest aparat de radio/televizor? – *What make is this radio set/television set?*

➢ **Fotografia** – *Taking Pictures*

Am un aparat de fotografiat foarte bun. – *I have a first class camera.*
Se poate fotografia aici? – *Can we take pictures here?*
Pot să vă fotografiez? – *May I make a snap of you?*
Nu, eu nu sunt fotogenic. – *No, I photograph badly.*
Prietena mea este fotogenică. – *My friend photographs well (she has a photogenic face).*
Ați făcut poze în oraș ? – *Did you take any pictures in the town ?*
Am făcut o mulțime de poze în oraș. – *I made a lot of snaps of the town.*
Mi s-a terminat filmul. – *I've run short of film.*
Vreau ca acest film să fie developat și mărit. – *I want to get this film developed and enlarged.*
Ce marcă este aparatul dv. de fotografiat? – *What make is your camera?*
Zâmbiți, vă rog! – *Smile, please!*

➢ **În excursie** – *Going on a Trip*

Ce locuri mă sfătuiți să vizitez? – *What places do you advise me to visit?*
Când începe sezonul turistic în țara dv.? – *When does the tourist season begin in your country?*
Oficiul Național de Turism organizează excursii la munte/mare/ în stațiunile de odihnă. – *The National Travel Office runs trips to the mountains/seaside/ health resorts.*
Dacă vă interesează să schiați și să faceți alpinism mergeți la Predeal sau altă stațiune de munte. – *If you're keen on skiing and climbing you should go to Predeal or other mountain resorts.*
Prietenul meu intenționează să urce astăzi pe munte. – *My friend is planning to climb a mountain today.*
Putem petrece noaptea la un motel/o cabană? – *Can we spend the night at a motel/in a hut ?*
Există și posibilități de camping. – *There are also facilities for camping.*

Cât de departe credeți că ajungem într-o zi? – *How far do you think we can get in one day?*
Eu iubesc foarte mult munții/marea. – *I love the mountains/the sea.*
Există vreun monument vechi/ vreun șantier arheologic/vreo fortăreață pe această rută? – *Are there any ancient monuments/archaeological sites/fortresses on our way?*
Vă place peisajul? – *Do you like the scenery?*
El ține să vadă totul. – *He's an avid sightseer.*
Vă interesează flora/ fauna carpatină? – *Are you interested in the Carpathian flora/fauna?*
Cum se ajunge la munții Făgăraș? – *How does one get to the Făgăraș mountains?*
Puteți merge cu mașina până în satul... – *You can drive as far as the village of...*
Încotro mergem? – *Which way do we go?*
Săptămâna trecută am vizitat un oraș nou. – *I visited a new town last week*
Am vrea să petrecem câteva zile la o stațiune termală. – *We should like to spend a few days at a spa.*
Ce stațiune are izvoare sulfuroase? – *At what resort are there sulphur springs?*
În ce stațiune se poate face tratament cu nămol? – *At what resorts can one obtain mud treatment?*
Soția mea ar vrea să facă băi de soare/să facă talasoterapie – *My wife would like to sun bathe/to do thalasso-therapy.*
Abia aștept să merg la mare. – *I'm looking forward to going to the seaside*
Merg mulți turiști la mare? – *Do many tourists go to the seacoast?*
Ce stațiune de pe litoral mi-ați recomanda? – *Which seaside place would you recommend?*
Care parte a plajei vă place cel mai mult? – *Which part of the beach do you like best?*
Credeți că putem urca pe faleză? – *Do you think we can go to the top of the cliff?*
Stațiunea aceasta climaterică este deschisă tot anul? – *Is this health resort open all the year round?*
Mă tem că astăzi nu se poate face baie. – *No bathing today, I'm afraid.*

Aş vrea să merg într-o zi în deltă. – *I'd like to go to the Delta some day.*
Aţi venit cu maşina tot drumul? – *Have you driven all the way?*
Trebuie să vedeţi neapărat mănăstirile cu fresce din Moldova. – *You shouldn't miss seeing the painted monasteries of Moldavia.*
Mă duc într-o călătorie cu autocarul prin ţară. – *I'm going on a coach tour round the country.*
Cât (timp) durează călătoria? – *How long does this tour take?*
Călătoria durează două zile. – *It's a two-day trip.*
Cu ce începe călătoria? – *What does the trip start with?*
Autocarul pleacă din centrul oraşului. – *The coach leaves from the centre of the city.*
Ce mai e de văzut? – *What else is there to see?*
Cine vrea să mai vină cu noi? – *Who else would like to come with us?*

❏ SPORT – *SPORTS*

Ce sporturi practicați? – *What sports do you go in for?*
Nu sunt sportiv, dar îmi place sportul – *I am no athlete, but I do like sport.*
Cunoașteți regulile jocului? – *Do you know the rules of the game?*
Eu joc crichet – *I play cricket.*
Nu cunosc jocul – *I don't know the game.*
Sportul nu mă prea interesează – *I'm not much interested in sport.*
Am nevoie de exerciții regulate pentru a-mi păstra forma – *I need regular physical exercise to keep fit.*
Eu practic alpinismul. E o îndeletnicire cu care mă ocup în timpul liber – *I go in for climbing. It's a hobby to fill my leisure hours.*
Ați jucat fotbal/volei la școală? – *Did you play football/volley ball at school?*
Îmi place să joc tenis, dar nu mă prea pricep – *I'm very fond of playing tennis, but I'm not very good at it.*
În tinerețe m-am ocupat de automobilism, dar l-am abandonat cu totul de când m-am accidentat odată – *I went in for motoring when I was younger, but I've given it up altogether since I got injured once.*
Știți să schiați/înotați? – *Can you ski/swim?*
Cred că trebuie mult antrenament – *I think one needs a lot of coaching.*
Care este echipa dv. preferată? – *Which team do you support?*
Care echipă a câștigat/a pierdut? – *Which team (side) has won/lost?*
Am câștigat cu doi la zero – *We won two nil.*
Noi conduceam la pauză – *We were leading at halftime.*
Meciul s-a terminat la egalitate – *The match ended in a draw.*
La ce oră începe meciul (jocul)? – *What time is the kick-off?*
Cine a sosit primul/al doilea? – *Who came in first/second?*
Care este restul clasamentului? – *What are the other placings?*

Unde se află principalul stadion al oraşului? – *Where is the main stadium in the town?*
Cum se numeşte...? – *What is it called...?*
Eu joc: – *I play:*
– hochei – *hockey*
– baschet – *basketball*
– crichet – *cricket*
– rugbi – *rugby*
– golf – *golf*
Care echipă este socotită cea mai puternică? – *What team is considered the strongest?*
Când are loc semifinala/finala? – *When is the semi-final/final?*
Când începe campionatul naţional de fotbal? – *When does the national football championship start?*
Cine a câştigat campionatul? – *Who won the championship?*
Cine este campionul României la...? – *Who is Romania's champion in...?*
– box – *boxing*
– haltere – *weight-lifting*
– lupte (greco-romane) – *classical wrestling*
– lupte libere – *free-style wrestling*
Această echipă este într-o formă excelentă – *This team is in excellent form.*
Această echipă joacă bine/prost – *This team plays well/poorly.*
Care este rezultatul? – *What is the result?*
În favoarea cui? (Pentru cine?) – *In whose favour?*
Ce loc a ocupat echipa dv.? – *What place did your team win?*
Echipa a ocupat: – *The team took:*
– locul întâi – *the first place*
– locul doi – *the second place*
– locul trei – *the third place*
Acest sportiv a câştigat: – *This sportsman won a:*
– medalia de aur – *gold medal*
– medalia de argint – *silver medal*
– medalia de bronz – *bronze medal*
Care echipă poartă tricouri albastre/roşii? – *Which team is in blue/red shirts?*

Cine arbitrează meciul internaţional de hochei pe gheaţă? – *Who is refereeing the international ice-hockey match?*
Cine este antrenorul/căpitanul echipei? – *Who is the trainer/captain of the team?*
Care dintre atleţii dv. sunt campioni olimpici/mondiali? – *Which of your athletes are Olympic/World champions?*
Care au fost rezultatele ultimului campionat naţional? – *What were the results of the last National Championship?*
Cine a câştigat campionatul individual? – *Who was the individual champion?*
Cine a sosit primul? – *Who was the first at the finish?*
Cine a realizat timpul cel mai bun? – *Who made the best time?*
El/ea a stabilit un record mondial – *He/she has set a world record.*
Faceţi parte dintr-un club sportiv? – *Do you belong to a sports club?*
Aş vrea să văd: – *I should like to see:*
– nişte stadioane – *some stadiums*
– un bazin de înot – *a swimming pool*
– o pistă de alergări – *a running track*
– un patinoar – *a skating-rink*
Vreţi să mergem să vedem...? – *Shall we go and watch...?*
– un concurs de atletism – *an athletic competition*
– un concurs de ciclism – *a cycling competition*
– un concurs de înot – *a swimming competition*
– un concurs de patinaj – *a skating competition*
– un concurs de schi – *a skiing competition*
– un concurs de scrimă – *a fencing competition*
– un concurs hipic – *a horse-racing competition*
– un concurs de planorism – *a gliding competition*
Prietenul meu practică: – *My friend goes in for:*
– o demonstraţie de gimnastică – *a gymnastics display*
– atletismul – *track and field athletics*
– alergările (cursele) – *running*
– sărituri – *jumping*
– aruncarea discului – *discus throwing*
– aruncarea suliţei – *javelin throwing*
– aruncarea ciocanului – *hammer throwing*
– aruncarea greutăţii – *shot putting*

– boxul – *boxing*
– tirul – *shooting*
– canotajul – *rowing*
– călăria – *riding*
– automobilismul – *motor racing*
– ciclismul – *cycling*
– pescuitul – *angling*
Care sunt cele mai cunoscute sporturi în aer liber/de sală practicate în țara dv.? – *What are the most popular outdoor/in-door games in your country?*
Echipa oaspete/gazdă a câştigat concursul (întrecerea). – *The visiting/home team won the competition.*
Au parcurs distanța în trei minute. – *They covered the distance in three minutes.*
Portarul a fost intr-o formă proastă. – *The goal keeper made a rather poor show.*
Centrul înaintaş a introdus mingea cu capul în plasă. – *The centre forward headed the ball into the net.*
El a fost singurul în formă bună. – *He was the only one who played true to form.*
Cum se numesc diferiții jucători dintr-o echipă de fotbal? – *What are the different players in a football team called?*
O echipă de fotbal se compune dintr-un portar, doi fundaşi trei mijlocaşi şi cinci înaintaşi. – *A football team is composed of a goal keeper, two backs, three halfbacks and five forwards.*
Să facem o partidă de şah. – *Let's play a game of chess.*
Eu joc cu piesele albe, dv. jucați cu cele negre. – *I play white, you play black.*
Ați făcut o deschidere frumoasă. – *You've made a fine gambit.*
A trebuit să sacrific o piesă. – *I had to sacrifice a piece.*
Câți pioni ați pierdut? – *How many pawns are you down?*
Care e mişcarea următoare? – *What's the next move?*
Când reluăm jocul? – *When shall we resume the game?*
Cred că e mai bine să cedez partida. – *I think I'd better resign.*
Aseară am văzut un meci de box. – *I saw a boxing match last night.*
Ce categorie erau concurenții? – *What weight were the competitors?*
– muscă – *fly weight*

– cocoş – *bantam weight*
– pană – *feather weight*
– uşoară – *light weight*
– semimijlocie – *welter weight*
– mijlocie – *middle weight*
– semigrea – *light heavy weight*
– grea – *heavy weight*
În România se practică pe scară largă sporturile de iarnă. – *Winter sports are practiced widely in Romania.*
Vă place înotul? – *Do you like swimming?*
Ce stil vă place cel mai mult? – *What style do you like best?*
– înotul pe spate – *backstroke*
– bras – *breast stroke*
– fluture – *butterfly*
– craul – *crawl*
El se antrenează pentru campionatul european. – *He's been training for the European championship.*
Ce manifestări sportive vor avea loc la sfârşitul săptămânii? – *What sporting events will there be over the weekend?*
Sportul este un mod excelent de a-ţi petrece timpul liber – *Sports are an excellent pastime.*
a închiria o barcă – *to rent a bout*
a merge cu bicicleta – *to cycle*
a merge cu vaporul – *to sail*
a merge cu maşina – *to ride*
a vâsli – *to row*
piscină – *swimming pool*
a înota – *to swim*
teren de tenis – *tennis court*
racheta de tenis – *racket*
teren de golf – *golf links*
teren de fotbal – *field*
surf – *funboard*
a înscrie un gol – *to score a goal*
turnir, competiţie – *tournament*
a juca fotbal – *to play soccer*
a juca rugbi – *to play rugger (rugby)*

❑ TIMPUL – *THE TIME*

acum – *now*
mai târziu – *later*
înainte – *before, earlier*
dimineață – *morning*
dimineața – *in the morning*
mâine dimineață – *tomorrow morning*
după-amiază – *afternoon*
după-amiaza – *in the afternoon*
seară – *evening*
seara – *in the evening*
noapte – *night*
noaptea – *at night*
ora unu – *one o'clock (one A.M.)*
ora două – *two o'clock (two A.M.)*
prânz – *twelve o'clock (noon)*
ora treisprezece – *one o'clock (one P.M.)*
ora paisprezece – *two o'clock (two P.M.)*
miez de nopții – *twelve o'clock (midnight)*
_____ minut(e) – _____ *minute(s)*
_____ oră(ore) – _____ *hour(s)*
_____ zi(le) – _____ *day(s)*
_____ săptămână (săptămâni) – _____ *week(s)*
_____ lună(luni) – _____ *month(s)*
_____ an(i) – _____ *year(s)*
astăzi – *today*
ieri – *yesterday*
alaltaieri – *the day before yesterday*
mâine – *tomorrow*
poimâine – *the day after tomorrow*

săptămâna aceasta – *this week*
ultima săptămână – *last week*
săptămâna următoare – *next week*
Avem destul timp – *We've plenty of time.*
Nu vă grăbiți! Luați-o domol – *Don't hurry! Take your time.*
Vom ajunge acolo la timp – *We'll be there in time.*
În cât timp ajungem acolo? – *How much time will it take to get there?*
Ați stat foarte mult – *You've been a long time.*
Am foarte puțin timp liber – *I've very little spare time.*
Nu am timp – *I can't afford the time.*
De ce vă grăbiți? – *What's the hurry?*
Este o pierdere de timp – *It's a waste of time.*
Vreau să-mi omor timpul – *I just want to kill time.*
Încearcă să recuperezi timpul pierdut – *Try to make up for lost time.*
Mă întorc curând – *I'll be back soon.*
Este timpul (să terminați) – *Time's up.*
Este o chestiune de timp – *It's a matter of time.*
Este vremea de culcare/vremea prânzului – *It's bedtime/lunchtime.*
A trebuit să plec devreme – *I had to leave early.*
El lucrează ziua – *He works in the daytime.*
El a venit prea târziu – *He came too late.*
Am venit prea devreme? Scuzați, revin mai târziu – *Am I too early? I'm sorry, I'll come back later.*
Se face târziu – *It's getting late.*
Ce dată este astăzi? – *What's the date today?*
Vom întârzia o jumătate de oră – *We'll be half an hour late.*
Când vă sculați dimineața? – *When do you get up in the morning?*
Să facem o plimbare: – *Let's go for a walk:*
– după amiază – *in the afternoon*
– seara – *in the evening*
– deseară – *tonight*
M-am trezit în timpul nopții – *I woke in the night.*
Va ploua la amiază/la noapte – *It will be raining at noon/at night.*
Ce zi a fost ieri/alaltăieri? – *What day was yesterday/the day before yesterday?*
Astăzi este trei iunie – *Today is the third of June.*

Ce zi este astăzi? – Astăzi este marți – *What's today? – Today is Tuesday.*
De azi într-o săptămână e ziua mea de naştere – *Today week will be my birthday.*
M-am întors săptămână trecută/acum două săptămâni – *I came back last week/ a fortnight ago.*
Sunt acasă de zece zile – *I've been back at home now for ten days.*
Plec săptămână aceasta/ săptămână viitoare – *I'm leaving this week/ next week.*
Deunăzi l-am întâlnit pe dl... – *I met Mr... the other day.*
Nu l-am văzut din: – *I haven't seen him since:*
– ianuarie – *January*
– februarie – *February*
– martie – *March*
– aprilie – *April*
– mai – *May*
– iunie – *June*
– iulie – *July*
– august – *August*
– septembrie – *September*
– octombrie – *October*
– noiembrie – *November*
– decembrie – *December*
Vă place...? – *Do you like...?*
– primăvara – *spring*
– vara – *summer*
– toamna – *autumn*
– iarna – *winter*
Ne vedem: – *I'll be seeing you on:*
– luni *Monday*
– marți – *Tuesday*
– miercuri – *Wednesday*
– joi – *Thursday*
– vineri – *Friday*
– sâmbătă – *Saturday*
– duminică – *Sunday*
Cât e ceasul? – *What is the time?*

Cât e ora, vă rog? – *What's the time, please?*
Este ora patru – *It's four o'clock.*
Este patru şi jumătate – *It's exactly half past four.*
Este patru şi cinci/şi un sfert – *It's five/a quarter past four.*
Este cinci fără douăzeci şi cinci – *It's twenty five to five.*
Este aproape cinci – *It's nearly five.*
Este cinci fix – *It's five sharp.*
Este miezul nopţii – *It's twelve midnight.*
Este chiar aşa de târziu? – *Oh, is it as late as that?*
Cât e ceasul la dv.? – *What's the time by your watch?*
Se apropie de şase – *It's getting on for six.*
Este deja opt? – *Is it eight already?*
Nu am ceas – *I haven't got a watch.*
Ceasul bate ora nouă – *The clock is striking nine.*
Ceasul meu este în urmă/înainte cu zece minute – *My watch is ten minutes slow/fast.*
Ceasul dumneavoastră merge bine? – *Does your watch keep good time?*
Ceasul meu s-a oprit – *My watch has stopped.*
S-a stricat – *It's run down.*
Trebuie să-l întorc – *I must wind It up.*
Am pus deşteptătorul să sune – *I set my alarm clock.*
Trebuie să dau ceasul la reparat – *I must have my watch repaired.*

❏ VREMEA – *THE WEATHER*

clima, climatul – *the climate*
cerul – *the sky*
soarele – *the sun*
vântul – *the wind*
ploaia – *(the) rain*
norul – *the cloud*
furtuna – *the storm*
zăpada – *(the) snow*
grindina – *(the) hail*
ceaţa – *(the) fog*
ceaţa, păcla – *(the) mist*
însorit – *sunny*
ploios – *rainy*
noros – *cloudy*
uscat – *dry*
umed – *wet, humid*
frig – *cold*
cald (fierbinte) – *warm (hot)*
a îngheţa – *to freeze, froze, frozen*
a străluci – *to shine, shone, shone*
a sufla – *to blow, blew, blown*
a cădea – *to fall*
plouă – *it's raining* (acum), *it rains* (în general)
ninge – *it's snowing* (acum), *it snows* (în general)
cum este vremea? – *what's the weather like?*
o iarna grea – *a hard/harsh winter*
inundaţie – *flood*
Cum este vremea astăzi? – *What's the weather like today?*
Este o dimineaţă/o zi frumoasă, nu-i aşa? – *It's a nice morning/a fine day, isn't it?*

Ce dimineață splendidă! – *What a glorious morning!*
Se pare că iar o să avem o zi frumoasă – *It looks like being another fine day.*
Credeți că o să plouă? – *Do you think it looks like rain?*
În dimineața aceasta a fost înnorat – *It was cloudy this morning.*
Astăzi este: – *Today it is:*
– rece – *cold*
– cald – *warm*
– foarte cald – *hot*
– umed – *damp*
– cam frig – *nippy*
– vânt – *windy*
– ceață – *foggy*
– înăbușitor – *stuffy*
Iese soarele (din nori) – *The sun is coming out.*
Vremea se încălzește – *The weather is getting warmer.*
Vom avea o zi călduroasă – *We'll have a warm day.*
Soarele strălucește orbitor – *The sun is dazzling.*
Ce vară călduroasă avem anul acesta! – *What a hot summer we're having this year!*
De două săptămâni vremea se menține călduroasă – *We've had continuous hot weather for a fortnight.*
Vremea frumoasă nu va dura mult – *The fine weather won't last (hold).*
Mă tem că ne așteaptă o vreme ploioasă – *I'm afraid we're in for rainy weather.*
Plouă foarte tare – *It's raining very hard.*
Toarnă/plouă cu găleata – *It's pouring.*
Strașnică ploaie, nu-i așa? – *Very rainy, isn't it?*
Aveți grijă să nu răciți pe vremea asta umedă – *Mind you don't catch a cold in this damp weather.*
Vremea este ...? – *Is the weather...?*
– blândă – *mild*
– stabilă – *settled*
– schimbătoare – *changeable*
Luați-vă fulgarinul în caz de ploaie – *Take your mac in case it rains.*
Este o vreme ploioasă – *It's showery.*

Bate grindina – *It's hailing.*
Tună – *It's thundering.*
Fulgeră – *It's lightening.*
Se înseninează – *It's clearing up.*
Este ger; îngheaţă – *It's freezing.*
Se dezgheaţă – *It's thawing.*
Burniţează – *It's drizzling.*
Este polei – *It's slippery.*
Astăzi este frig – *It's cold today.*
Este cam frig pentru anotimpul acesta – *It's rather cold for this time of the year.*
Vremea s-a răcit mult – *The weather has turned much colder.*
A venit iarna – *Winter has set in.*
Anul acesta am avut o primăvară timpurie/târzie – *We've had an early/late spring this year.*
În noiembrie a fost ceaţă aproape o săptămână – *We had fog for nearly a week in November.*
Mi-este foarte frig – *I feel terribly cold,*
Nu pot suferi frigul – *I can't bear the cold.*
Ce vreme se anunţă pentru astăzi? – *What's the forecast for today?*
Ploi temporare în sud şi în Transilvania cu furtuni şi intervale senine – *Occasional rain in the South and Transylvania with thunderstorm and bright periods.*
În restul ţării vremea va fi în general uscată – *Mainly dry in most other areas.*
Temperaturile vor fi în general apropiate de normal – *Temperatures mostly near normal.*
Astăzi temperatura este de 15°C sub zero – *Today it is 15 degrees (centigrade) below zero.*
Câte grade sub zero? – *How many degrees of frost?*
Şapte grade sub zero – *Seven degrees below freezing point.*
Ce vreme se anunţă pentru mâine? – *What's the outlook for tomorrow?*
Vreme în general uscată cu soare în cea mai mare parte a ţării – *Mainly dry with sunny periods in most parts.*

❑ SERVICII – *ESSENTIAL SERVICES*

➢ La croitorie – *At the Tailor's (Dressmaker's)*

Îmi trebuie un costum nou; cel vechi este cam uzat. – *I need a new suit (costume); my old one is rather worn.*
Nu mi se potriveşte. – *It doesn't fit me well.*
Mi se pare că m-am îngrăşat. – *I seem to have put on weight.*
Nu cumpăraţi un costum de gata? – *Won't you buy a ready-made suit?*
Mă interesează un costum care să mi se potrivească şi să aibă o croială elegantă. – *I'm only interested in a good fit and a smart cut.*
Aş vrea să comand un costum. – *I'd like to order a suit.*
Prefer o stofă bună care ţine la purtare. – *I prefer a good cloth that wears well.*
Aveţi un catalog de mostre? – *Have you got a book of patterns?*
Pot să mă uit la nişte modele? – *Can I have a look at some patterns?*
Îmi place materialul a-cesta maro închis. – *I like this dark brown material.*
Nuanţa aceasta este prea deschisă. – *This shade is too light.*
Aş vrea să-mi faceţi un costum din stofa aceasta. – *I'd like to have a suit made of this cloth.*
Aş vrea să-mi luaţi măsura pentru un costum. – *I should like to be measured for a suit.*
Să-l faceţi: – *Make it:*
– mai scurt – *shorter*
– mai lung – *longer*
– mai strâmt – *tighter*
– mai larg – *fuller*
Este lână pură? – *Is this pure wool?*
Este semilână cu fibre sintetice. – *It's semi-woollen material with a synthetic fibre.*
Este cam aspră/prea fină. – *It's a bit too coarse/fine.*

Câți metri îmi trebuie pentru un costum la un rând/la două rânduri? – *How many metres do I need for a single-breasted /double-breasted suit?*
Ce căptușeală preferați? – *What kind of lining do you prefer?*
Haina va fi căptușită cu mătase. – *The jacket will be lined with silk.*
Doriți un buzunar sau două la spate la pantaloni? – *Do you want one or two hip pockets in your trousers?*
Mai lărgiți-l puțin aici. – *Make it a little wider here.*
Când credeți că va fi gata costumul? – *When do you think the suit will be ready?*
Ați putea veni, vă rog, lunea viitoare la prima probă? – *Could you come for the first fitting next Monday, please?*
Vin săptămâna viitoare să încerc costumul. – *I'll come next week to try the suit on.*
Mă tem că trebuie să facem niște modificări. – *I'm afraid there are some alterations to be made.*
Pantalonii nu-mi vin bine. – *The trousers don't fit.*
Sunt prea strâmți. – *They are a bit too tight.*
Trebuie să fie lărgiți/ strâmtați. – *The trouser-legs are too wide/short.*
Pantalonii sunt prea largi/scurți. – *I think the sleeves have to be made longer/ shorter.*
Cred că mânecile trebuie lungite/scurtate. – *They have to be let out/taken in.*
Acum costumul vi se potrivește de minune. – *Now the suit fits you perfectly. (The fit is perfect.)*
Unde poate soția mea să comande o rochie, vă rog? – *Where can my wife order a dress, please?*
Mi-ați putea recomanda o croitoreasă bună ? – *Could you recommend a good dressmaker ?*
Vreau să-mi faceți o rochie/o bluză. – *I want a dress/a blouse.*
Ați adus materialul cu dv.? – *Have you brought the material with you?*
Da, poftiți. – *Yes, here it is.*
Doriți un model/o croială deosebit(ă)? – *Do you want any special style?*
Iată o rochie încântătoare în această revistă. Ați putea-o face la fel? – *Here is a lovely dress in this fashion magazine. Could you make it like this?*

Vom încerca, doamnă. Avem niște modele foarte asemănătoare. – *We'll try, madam. We have some very similar patterns.*
V-am luat măsura. – *I've got your measurements.*
Cât luați pentru o rochie? – *What do you charge for making a dress?*
Vreau o fustă modernă din... – *I want a fashionable skirt made of...*
Vă rog să treceți săptămâna viitoare pentru probă. – *Please, call next week for the fitting.*

➢ La cizmar – *At the Shoemaker's*

Pantofii mi s-au tocit la tocuri. – *The heels of my shoes are worn out. (My shoes are down at the heels.)*
Trebuie să-mi pun talpă/tocuri la pantofi. – *The shoes want soling/ heeling.*
Vreau să-mi repar ghetele. – *I'd like to have my boots mended (repaired).*
Scoateți-vă pantofii și așteptați până vi-i repar. – *Take off your shoes and wait while I get them done.*
Vreau să comand o pereche de: – *I want to order a pair of:*
– pantofi de sport – *sport shoes*
– pantofi cu toc înalt – *high-heeled shoes*
– pantofi cu toc jos – *low-heeled shoes*
– pantofi de seară – *evening shoes*
– ghete îmblănite – *fur-lined boots*
– papuci – *slippers*
Ați adus materialul cu dv.? – *Have you brought the material with you?*
Da, poftiți. – *Yes, here it is.*
Doriți un model/o croială deosebit(ă)? – *Do you want any special style?*
Iată o rochie încântătoare în această revistă. – *Here is a lovely dress in this fashion magazine.*
Ați putea-o face la fel? – *Could you make it like this?*
Vom încerca, doamnă. – *We'll try, madam.*
Avem, niște modele foarte ase mănătoare. – *We have some very similar patterns.*
V-am luat măsura. – *I've got your measurements.*

Cât luați pentru o rochie? *What do you charge for making a dress?*
Vreau o fustă modernă din ... – *I want a fashionable skirt made of ...*
Vă rog să treceți săptămâna viitoare pentru probă. – *Please, call next week for the fitting.*
Când sunt gata? – *When can you let me have them?*
Vreți să treceți să luați pantofii peste câteva zile, vă rog? – *Would you call back for your shoes in a few days, please?*
Preferați talpă de piele sau de cauciuc? – *Do you prefer leather or rubber soles?*
Puneți tocuri de cauciuc/placheuri la tocuri, vă rog. – *Put some rubber metal tips on the heels, please.*

➢ La frizerie/coafor – *At the Hairdresser's*

Trebuie să vă tundeți. – *Your hair needs cutting. (You need a haircut.)*
Tuns/bărbierit, vă rog. – *A. hair-cut/shave, please.*
Cum vreți să vă tund? – *How would you like your hair cut?*
Vreau tuns scurt. – *I want a short clip.*
Scurtați-mi-l, vă rog. – *Cut it fairly short, please.*
Nu-l scurtați prea mult. *Don't cut it too short.*
Potriviți-l în părți și la spate. – *Just trim it at the sides and at the back.*
Să-l tund drept în față? – *Shall I cut it straight at the front?*
De ce mi-l mai scurtați aici? – *Why don't you take it off here?*
Este de ajuns de scurt? – *Is that short enough?*
Sunteți mulțumit? – *Will that do?*
Nu trebuie să vă tundeți prea scurt. – *You shouldn't have your hair cut too close.*
Nu vă vine bine. – *It doesn't suit you.*
Purtați cărare la dreapta sau la stânga? – *Do you wear your hair parted on the right or on the left?*
Faceți-mi cărare la mijloc/Faceți cărarea la stânga. – *Part my hair in the midiile./Make the parting on the left.*
Potriviți-mi barba/mustața, vă rog. – *Trim my beard/moustache, please.*
Faceți-mi un șampon. – *Now give me a shampoo.*

Vreau să-mi spălați părul. – *I want my hair washed.*
Să vă clătesc părul în chiuvetă. – *Let me rinse your hair in the basin.*
Doriți să vi-l dau cu ulei sau să vi-l ud? – *Do you want any oil or spray?*
Vă cade părul. – *Your hair's falling out.*
Vreau să mă coafez. – *I want my hair done.*
Doriți vreo coafură deosebită ? – *Have you a particular hair style you want?*
Vreau un permanent, vă rog. – *I want a perm (permanent wave), please.*
În cât timp îmi faceți permanentul? – *How long will it take you to give me a perm?*
Doriți un permanent rece sau cald? – *Do you want a cold or a hot perm?*
Vă rog să mă coafați după ultima modă. – *Could you, please, wave (curl) my hair in the latest style?*
Acesta este ultimul model (de coafură)? – *Is this the latest hairdo?*
Vă rog să-mi uscați părul cu foenul. – *Please, dry my hair with the hair drier.*
Vreau să-mi vopsesc părul. – *I want my hair dyed.*
Aveți grijă să nu intre vopseaua în piele. – *Don't rub the die into my scalp.*
Purtați părul tuns scurt? – *Do you wear your hair bobbed?*
Vreau să-mi faceți manichiura. – *I want to have my nails done.*
Vă rog să nu-mi piliți unghiile prea scurt. – *Please, don't trim and file my nails too short.*
Doriți să vă dau cu lac? – *Do you want your fin gernails vanished.*
Vreau să-mi vopsit, sprâncenele. – *I'd like to have my eye. brows painted.*
Trebuie să mă duc la coafor astăzi. – *I must go to the hairdresser today.*
Îmi aștept rândul. – *I'm waiting my turn*

❏ ÎNVĂȚĂMÂNTUL ȘI CERCETAREA ȘTIINȚIFICĂ – *EDUCATION AND SCIENTIFIC RESEARCH*

o grădiniță – *a nursery school, a kindergarten*
o școală primară – *primary school*
o școală secundară – *a secondary school, comprehensive school, a junior high school*
un liceu – *a highscool, grammar school, a senior high school*
o facultate – *a college*
un trimestru – *a term*
a citi – *to read, read, read*
a scrie – *to write, wrote, writen*
a număra, a socoti – *to count*
un caiet – *a copy book*
a desena – *to draw, drew, drawn*
a traduce (în) – *to translate (into)*
limbi – *languages*
o cifră – *a figure/ a digit*
a însemna – *to mean, meant, meant*
a înțelege – *to understand, understood, understood*
a reuși, a trece – *to pass*
a pica (examenul) – *to fail*
a fi bun la – *to be good at*

➢ **Expresii generale – *General Expressions***

Mă interesează sistemul de învățământ din țara dv. – *I'm interested in the system of education of your country.*
Aș vrea să vizitez o școală primară/o universitate. – *I should like to visit a primary school/a university.*
Câți ani durează învățământul secundar/superior? – *How many years are spent on secondary/ higher education?*

Când începe/se termină anul şcolar? – *When does the academic (school) year begin/end?*
Ce studiaţi? – *What's your subject? (What are you reading?)*
Aţi studiat la universitate? – *Have you attended university?*
Ce materii se predau în şcoala primară/secundară? – *What subjects are taught in the primary/ secondary school?*
Câţi elevi sunt într-o clasă? –*How many pupils are there in a class?*
Există cursuri serale/ fără frecvenţă? – *Do you also provide for evening classes/extramural education?*
Câţi studenţi numără ţara dv.? – *How many students are there in your country?*
La ce oră se ţin lecţiile/cursurile? – *What time are the lessons/lectures?*
Câte cadre didactice aveţi? – *How large is the staff?*
Câţi studenţi /elevi primesc bursă? – *How many students/ pupils receive grants?*
Care este cea mai veche universitate din ţara dv.? – *What is the oldest university in this country?*

> ➢ Şcoala primară/secundară – *Primary/Secondary School*

În ţara dv. învăţământul primar/secundar este obligatoriu? – *Is primary/secondary education compulsory in your country?*
Copiii merg la şcoala primară la vârsta de şapte ani. – *Children are sent to primary Schools at the age of 7.*
Ei învaţă la şcoală până la vârsta de 18 ani. – *They remain at school till they are 18 years old.*
Elevii trebuie să dea un examen la sfârşitul şcolii primare? – *Do children have to take an examination at the end of the primary stage?*
Se cer anumite condiţii ce trebuie satisfăcute. – *There are certain requirements one has to come up to.*
Sunt multe şcoli cu internat în ţara dv.? – *Are there many boarding schools in your country?*
Ce taxe şcolare se plătesc? –*What are the fees at schools ?*
În ţara noastră învăţământul primar şi secundar este gratuit şi obligatoriu. – *In this country primary and secondary education is free and compulsory.*

Aveți școli mixte? – *Do you have mixed schools?*
La școala noastră se țin cursuri și dimineața și după amiaza. – *There are morning and afternoon classes at our school.*
Când se întrerup cursurile? – *When does school break up?*
Vă interesează vreo disciplină in mod deosebit? – *Are there any subjects you are specially interested in?*
Îmi place chimia/fizica. – *I'm rather fond of chemistry /physics.*
Trebuie să spun că nu sunt prea tare/sunt destul de tare la română și la franceza. – *I admit I am rather poor/quite good at Romanian and French.*
Engleza și latina sunt discipline obligatorii la școala noastră. – *English and Latin are compulsory subjects at our school.*
În școala dv. se predă vreo disciplină facultativă? – *Are there any optional subjects taught in your school?*
Programa de învățământ prevede limbi străine? – *Does the curriculum include foreign languages?*
Unii elevi se specializează în științe umanistice, alții în științe exacte. – *Some pupils specialize in Arts (Humanities), others in science.*
Curând trebuie să mă pregătesc pentru examenul de absolvire. – *I have to prepare for my final examination very soon.*
Vă doresc succes la examen. – *I hope you'll do well in the examination.*
Fiul meu are note bune aproape la toate disciplinele. – *My son has good marks in nearly every subject.*
Intră mulți elevi în școlile profesionale? – *Do many pupils enter vocational training?*

> **Universitatea** – *University*

Când ați trecut examenul de admitere la universitate? – *When did you pass your university entrance examination?*
Ce studiați? – *What's your subject? (What are you reading?)*
Studiez matematica. – *I'm reading mathematics.*
El nu a fost admis (la universitate). – *He's been refused admission.*
Îmi voi începe studiile în octombrie. – *I'm going to take up my studies in October.*

Voi intra la universitate. – *I'll enter university.*
El s-a înscris la institutul de construcţii. – *He's enrolled at the Engineering Institute.*
Mă interesează literatura engleză. – *I'm interested in English literature.*
Vreau să urmez un curs de literatură prin corespondenţă. – *I want to take up a correspondence course in literature.*
La ce universitate veţi studia? – *What university are you going to study at?*
Câte semestre durează specializarea studenţilor? – *How many terms do the students specialize?*
Ce normă didactică aveţi? – *What's your teaching load?*
Când are loc examenul (de admitere)? – *When will the (entrance) examination take place?*
Aveţi mulţi postuniversitari? – *Do you have many postgraduate students?*
Aş putea asista la nişte cursuri/vizita un cămin studenţesc? – *Could I attend some lectures/visit a student hostel?*
Am bursă. – *I have a scholarship (grant).*
Când speraţi să absolviţi? – *When do you hope to graduate?*
Când intenţionaţi să vă luaţi doctoratul? – *When are you going to take your Doctor's degree?*
Efectuez o lucrare/Îmi scriu teza de doctorat. – *I'm working on a paper/writing my doctor's thesis.*
Vreţi să urmaţi cursurile postuniversitare? – *Are you going to take up postgraduate studies?*
Vreau să mă ocup de cercetare. – *I'll do some research work.*
Când începe vacanţa? – *When does the vacation start?*
Profesorul... va ţine o prelegere despre arhitectura. – *Professor... is going to give a lecture on architecture.*
El conferenţiază (ţine o prelegere) despre... – *He is lecturing on...*
Dr. A este lector/conferenţiar la biologie. – *Dr. A is a lecturer/reader in biology.*

➤ Lectura – *Books and Reading*

Sunt multe biblioteci în oraş? – *Are there many libraries in town?*
Avem destul de multe biblioteci în oraş. – *We have quite a lot of libraries in our town.*
Câte cărţi doriţi să împrumutaţi? – *How many books do you want to borrow?*
Câte cărţi se pot împrumuta deodată? – *How many books may be borrowed at a time?*
Îmi puteţi da romanele lui Rebreanu? – *Can I have Rebreanu's novels?*
Cât timp pot ţine aceste cărţi? – *How long can I keep these books? (What's the lending period?)*
Când trebuie să fie restituite aceste cărţi? – *When do these books fall due?*
O restitui săptămâna viitoare. – *I'll bring it back next week.*
Cartea aceasta este împrumutată. – *This book is out on loan (it's not in).*
M-aţi putea înştiinţa când va fi restituită? – *Could you let me know when it has been returned?*
Fireşte, am să v-o păstrez. – *Certainly, I'll keep it for you.*
Aceasta este una din cărţile mele preferate. – *This is one of my favourite books.*
Aţi citit cartea aceasta? – *Have you read this book?*
Aveţi o bibliotecă într-adevăr bine înzestrată. – *You certainly have a well-equipped library.*
Ceva uşor de citit, vă rog. – *I want some light reading, please.*
Romanul acesta merită să fie citit ? – *Is this novel worth reading?*
Aveţi o enciclopedie? – *Have you got an encyclopedia?*
Sala de lectură este deschisă? – *Is the reading-room open?*
Vreţi, vă rog, să mă ajutaţi să găsesc o carte în fişier? – *Would you, please, help me to find a book in the catalogue?*
Vreţi să-l întrebaţi pe bibliotecar? – *Would you mind asking the librarian?*
De câte volume dispune această bibliotecă? – *How many volumes does this library contain?*

Avem multe ziare și reviste. – *We have many daily newspapers and magazines.*
Puteți sta aici și citi. – *You can sit here and read them.*
Lui îi place foarte mult să citească. – *He is very fond of reading.*

➤ Cercetarea științifică – *Scientific Research*

Sunteți cercetător? – *Are you a researcher?*
Cu ce cercetări vă ocupați? – *What sort of research are you engaged in?*
Efectuați atât cercetări teoretice cât și aplicate? – *Do you carry out theoretic as well as applied research?*
Lucrați la un institut de cercetări? – *Do you work in a research institute?*
Cine conduce institutul? – *Who's director of the institute?*
Tocmai l-am cunoscut pe profesorul.... care este membru al Academiei. – *I've just met Professor ..., who is a member of the Academy.*
În acest institut lucrează un mare număr de tineri cercetători. – *There are quite a number of young researchers in this institute.*
Șeful departamentului nostru este un savant renumit. – *The head of our department is a well-known scientist.*
Tocmai a fost ales membru al unei academii străine. – *He's just been elected member of a foreign Academy.*
De când vă ocupași de cercetarea științifică? – *How long have you been doing research?*
Săptămâna viitoare plec la un congres internațional. – *Next week I'm going to an international congress.*
Ce for patronează cercetarea științifică în țara dv.? – *What authority sponsors research in your country?*
Universitățile efectuează cercetări științifice? – *Do universities carry out research?*
Ce posibilități de afirmare li se oferă tinerilor cercetători? – *What opportunities are offered to the young researchers?*
Folosim metodele cele mai moderne. – *We use the most up-to-date methods.*

Când putem vizita un institut de proiectări? – *When can we visit a design institute ?*
El a elaborat o noua metodă de obținere a... – *He's worked out a new method of obtaining...*
Sunt multe institute de cercetare în București? – *Are there many research institutes in Bucharest?*
Institutul nostru a fost înființat recent. – *Our institute has been set up recently.*
Am vrea să stabilim un plan de schimburi cu institutul dv. – *We'd like to work out an exchange scheme with your institute.*

❑ PROFESIUNI, MESERII – *PROFESSIONS, TRADES*

a obține o slujbă – *to get a job*
salariul – *the wages*
el și-a pierdut serviciul – *he has lost his job*
el este fără serviciu (șomer) – *he is jobless*
a angaja pe cineva – *to hire somebody*
a concedia pe cineva – *to fire somebody, to dismiss somebody*
șeful, patronul – *the boss*
a câștiga bani – *to earn money*
o fabrică, o uzină – *a factory, a plant*
un atelier – *a workshop*
o companie de asigurări – *an insurance company*
un angajat, un salariat – *an employee*
un funcționar – *a clerk*
un director – *an executive*
un director general – *a top executive*
o secretară – *a secretary*
un stagiar – *a trainee*
personalul – *the staff*
procesare de date – *data processing, computing*
o unealtă – *a tool*
biroul – *the office*
Cu ce vă ocupați? (Ce profesiune aveți?) – *What do you do for a living?*
Când trebuie să mergeți la lucru? – *When do you have to go to work?*
La ce oră vă duceți la lucru? – *What time do you get to work?*
Eu încep lucrul la ora opt dimineața. – *I start work at 8 o'clock in the morning.*
Câte ore lucrați pe zi? – *How many hours a day do you work?*
Lucrez opt ore pe zi. – *I have an 8-hour working day.*

La prânz am o pauză pentru masă. – *I've a break at noon to have my lunch.*
El este: – *He is a/an:*
– muncitor – *worker*
– tâmplar – *carpenter*
– zidar – *bricklayer*
– turnător – *caster*
– lăcătuş – *lock-smith*
– miner – *miner*
– mecanic – *mechanic*
– ţesător – *weaver*
– docher – *docker*
– strungar – *turner*
– şofer – *bus conductor*
– tehnician – *technician*
– funcţionar – *civil servant*
– inginer electrotehnic – *electrical engineer*
Aveţi o normă completă sau lucraţi în cumul? – *Have you got a full-time/part-time job? (Do you work part time?)*
Uneori lucrez în schimbul de zi/de noapte. – *Sometimes I work on the day shift/night shift.*
El e la lucru. – *He's at work.*
Nu se întoarce înainte de ora patru. – *He won't be back before four o'clock.*
Vreau să mă învoiesc o zi. – *I want to take a day off.*
Astăzi este ziua mea liberă. – *Today is my free day.*
Când plecaţi în vacanţă? – *When are you going on holiday?*
Sunteţi în concediu de boală? – *Are you on sick-leave?*
Aveţi concediu plătit? – *Do you get paid holidays?*
Când sunteţi liber/de serviciu săptămâna aceasta? – *When are you off duty/ on duty this week?*
Când luaţi salariul? – *When do you get your wages?*
Iau salariul o dată pe lună. – *I get paid once a month.*
Cât câştigaţi în medie pe lună? – *What do you earn a month on the average?*
Am o slujbă (destul de) bine plătită. – *I have a quite well-paid job.*
În curând voi lua o slujbă. – *I shall take up a job very soon.*

Abia am absolvit universitatea. – *I've just graduated from the university.*
Ce calificare aveți? – *What are your qualifications?*
Ce studii aveți? – *How much schooling have you had?*
M-am calificat în... – *I trained as a...*
Vreau să fac cerere pentru ocuparea e cestui post. – *I want to apply for this post.*
Sunt sigur că veți fi angajat. – *I'm sure you'll be engaged.*
El se va pensiona din motive de sănătate. – *He will retire because of ill health.*
El va fi scos la pensie (pensionat). – *He will be pensioned off.*
Ce fel de munci faceți? – *What kind of work do you do?*
Eu sunt: – *I'm a:*
– corespondent de presă – *newspaper correspondent*
– regizor de film – *film director*
– producător de filme – *cinema producer*
– scriitor – *writer*
– actor/actriță – *actor/actress*
– muzician – *musician*
– compozitor – *composer*
– poet – *poet*
– avocat – *lawyer*
– preot – *clergyman*
– arhitect – *architect*
– inginer – *engineer*
– om de afaceri – *businessman*
– industriaș – *manufacturer (industrialist)*
Fratele meu este funcționar/contabil la o mare firmă. – *My brother is a clerk/ an accountant in a business firm.*
Vreți să intrați în afaceri? – *Do you want to go into business?*
În prezent sunt voiajor comercial. – *I'm a commercial traveller at present.*
Cine este șeful biroului? – *Who is the head of your office?*
Eu lucrez în justiție/învățământ/medicină/teatru. – *I'm in the legal/teaching/medical/theatrical profession.*
Lucrez de mulți ani în specialitate. – *I've worked in my profession for many years.*

El vrea să se ocupe de: – *He wants to take up:*
– electronică – *electronics*
– energetică – *energetics*
– construcţii de maşini – *mechanical engineering*
– construcţii de locuinţe – *housing*
– chimie – *chemistry*
– botanică – *botany*
– agronomie *agronomy*
– fizică – *physics*
– matematică – *mathematics*
– biologie – *biology*
– geologie – *geology*
– astronomie – *astronomy*
El este specialist în ştiinţe economice. – *He is an expert in economics.*
Mă ocup cu agricultura. – *I'm engaged in farming.*
El este ucenic şi vrea să devină electrician. – *He's an apprentice and wants to become an electrician by trade.*
Lucraţi în atelier sau pe şantier? – *Do you work in the workshop or on the site?*
Sunt lucrător în transporturi. – *I'm a transport-worker.*
Lucrez la calea ferată. – *I work on the railway.*
Sora mea lucrează într-un laborator /într-un magazin. – *My sister works in a laboratory /shop.*
Din ce sindicat faceţi parte? – *What trade union do you belong to?*
Sunt membru al sindicatului... – *I'm a member of the ... trade union.*
Câţi muncitori lucrează în această fabrică? – *How many workers does the factory employ?*
În ultimii ani salariile ni s-au mărit de mai multe ori. – *We've had several wage rises in the past few years.*
antropolog – *anthropologist*
aprod – *usher*
arcaş – *archer*
arheolog – *archaeologist*
arhiduce – *archduke*
arhiducesă – *archduchess*
arhiepiscop – *archbishop*
arhitect – *architect*

arhivist – *archivist*
avocat – *lawyer*
băcan – *(green)grocer*
bibliotecar – *librarian*
brutar – *baker*
bucătar – *cook, chef*
casier – *cashier*
călău – *executioner*
cămătar – *usurer*
ceasornicar – *watchmaker*
chelner – *waiter*
chelneriță – *waitress*
chiriaș – *tenant*
chirurg – *surgeon*
cioban – *shepherd*
cizmar – *shoemaker, cobbler*
cleric – *clergyman*
coafor – *hairdresser*
compozitor – *composer*
contabil – *accountant, book-keeper*
contrabandist – *smuggler*
corespondent de presă – *news(paper) correspondent*
cosmonaut – *spaceman, astronaut*
coșar – *chimney sweeper*
crainic – *announcer*
creditor – *creditor*
critic – *critic*
croitor – *tailor*
croitoreasă – *dressmaker*
curier – *courier*
curtean – *courtier*
cusătoreasă – *seamstress*
dactilografă – *typist*
delapidator – *embezzler*
dentist – *dentist*
dermatolog – *dermatologist*
dirijor – *conductor*

doctor – *doctor, physician*
dramaturg – *playwright*
duce – *duke*
ducesă – *duchess*
dulgher – *carpenter*
electrician – *electrician*
emisar – *emissary*
episcop – *bishop*
farmacist – *chemist*
fierar – *blacksmith*
filatelist – *stamp-collector*
fizician – *physicist*
frizer – *barber*
funcţionar – *clerk*
giuvaergiu – *goldsmith*
gravor – *engraver*
grădinar – *gardener*
iluzionist – *illusionist*
instalator – *plumber*
îngrijitor – *janitor*
însoţitor de vagon – *porter*
învăţător – *schoolmaster*
lăptar – milkman
librar – *bookseller*
marinar – *sailor*
matematician – *mathematician*
măcelar – *butcher*
mesager – *messenger*
miner – *miner*
morar – *miller*
muzician – *musician*
negustor – *shop keeper, shop-man*
negustor de peşte – *fishmonger*
om de serviciu – *janitor*
pârât – *culprit, defendant*
paznic de noapte – *night watch(man)*
pescar – *fisher(man), angler*

pictor – *painter*
pilot – *pilot*
pirat – *pirate*
plasator – *porter*
poet – *poet*
poliţist – *policeman, cop, bobby*
portar – *porter, goalkeeper*
poştaş – *postman, mailman*
preot – *minister, priest, reverend*
procuror – *attorney*
profesor – *teacher, professor*
proiectant – *designer*
reclamant – *plaintiff*
redactor(şef) – *editor(in chief)*
rege – *king*
regină – *queen*
regizor – *director, stage manager*
săpător – *digger*
scafandru – *diver*
scriitor – *writer*
secretară – *secretary*
soră medicală – *nurse*
sufleor – *prompter*
şofer – *driver*
vânzătoare – *shop girl*
vânzător – *shop man*
vânzător ambulant – *peddler*
vrăjitoare – *sorceress, witch*
vrăjitor – *sorcerer, wizard*
zarzavagiu – *greengrocer*
ziarist – *journalist*
zidar – *mason*
zugrav – *(house-)painter*

❏ FAMILIA, GRADE DE RUDENIE – FAMILY, RELATIONSHIP

nume de familie – *name, surname*
prenume – *first name*
însărcinată – *pregnant*
născut în – *born in*
naştere – *birth*
a se căsători – *to get married*
nuntă – *wedding*
divorţ – *divorce*
tânăr – *young*
bătrân – *old*
a muri – *to die*
moarte – *death*
mort – *dead*
văduv, văduvă – *widower, widow*
logodnic(ă) – *fiancé(e)*
mătuşă – *aunt*
celibatar – *bachelor*
cumnat – *brother-in-law*
văr, vară – *cousin*
fiică – *daughter*
noră – *daughter-in-law*
învârstă – *elderly*
socru – *father-in-law*
nepoţi (de bunici) – *grandchildren*
nepoată (de bunici) – *granddaughter*
bunici – *grandparents*
nepot (de bunici) – *grandson*
căsătorit – *married*
a fi căsătorit cu – *to be married to*

a se căsători – *to marry*
soacră – *mother-in-law*
nepot (de unchi, de mătușă) – *nephew*
nepoată (de unchi, de mătușă) – *niece*
părinți – *parents*
necăsătorit(ă) – *single*
cumnată – *sister-in-law*
fiu – *son*
ginere – *son-in-law*
celibatară – *spinster*
gemeni – *twins*
unchi – *uncle*

> **Vârsta, înfățișarea** – *Age, Appearance*

Ce vârstă aveți? – *How old are you? (What's your age?)*
Am douăzeci și opt de ani. – *I'm twenty-eight (years of age).*
Anul viitor împlinesc treizeci de ani. – *I shall be thirty next year.*
Nu arătați vârsta. – *You certainly don't look your age (You don't look it).*
Ce vârstă îmi dați (credeți că am)? – *How old do you think I am?*
Când v-ați născut? – *When were you born?*
M-am născut în 1940. – *I was born in 1940.*
Avem aceeași vârstă (Suntem de o vârstă). – *We're the same age.*
El este cu doi ani mai tânăr decât soția lui. – *He's two years younger than his wife.*
Ea este încă adolescentă. (Nu a împlinit douăzeci de ani.) – *She's still in her teens. (She is a teenager.)*
Ea este minoră? – *Is she under age? (Is she still a minor?)*
Când va atinge el majoratul? – *When does he come of age?*
Copiii lui sunt mari și căsătoriți. – *His children are grown up and married.*
Permiteți-mi să vă prezint familia mea. – *Meet my family.*
Mama și tatăl dv. sunt acasă? – *Are your mother and father in?*
Fiica lui cea mare are un copil de trei luni. – *His eldest daughter has a three-months old baby.*
Cine este doamna aceea în vârstă? – *Who's that elderly lady?*

Cum arată el? – *What does he look like?*
El este foarte chipeş (arătos). – *He is quite handsome. (He is a good-looking man.)*
Soţia lui este o femeie încântătoare. – *I think his wife is a charming woman.*
Ea este o fată drăguţă. – *She is a pretty girl.*
Sora dumneavoastră este studentă? – *Is your sister a student?*
El este scund/înalt. – *He is a short/tall man.*
Băiatul este prea înalt pentru vârsta lui. – *The boy is rather tall for his age.*
Ce înalt a crescut (s-a făcut)! – *How tall he has grown!*
De câţi ani sunt căsătoriţi unchiul şi mătuşa dv.? – *How long have your uncle and aunt been married?*
Aveţi mulţi veri şi nepoţi? – *Do you have many cousins and nephews?*
Nepoata mea Ana şi-a sărbătorit ziua de naştere ieri. – *My niece Ann celebrated her birthday yesterday.*
Toate rudele dv. locuiesc la oraş? – *Do all your relatives live in town?*
Socrul şi soacra mea locuiesc la ţară. – *My in-laws (father-in-law and mother-in law) live in the country.*
Cumnatul meu este compozitor. – *My brother-in-law is a composer.*
Cumnata mea este arhitectă. – *My sister-in-law is an architect.*
Fratele meu este necăsătorit (burlac), iar sora mea este logodită cu un doctor. – *My brother is single and my sister is engaged to a doctor.*
Să mergem să felicităm mireasa şi mirele. – *Let's go and congratulate the bride and the bridegroom.*
Seamănă cu tatăl lui, nu găsiţi (credeţi)? – *He takes after his father, don't you think so?*
Fratele lui are părul blond/negru. – *His brother has fair/ dark hair.*
Bunicul şi bunica mea au îmbătrânit. – *My grandfather and grandmother are getting old.*

> **Casa, grădina** – *House, Garden*

Unde locuiţi? – *Where do you live?*
Locuiesc pe strada/în casa aceasta. – *I live in this street/ house.*
Aveţi casă proprie? – *Have you got a house of your own?*
Nu, locuiesc într-un bloc. – *No, I live in a block of flats.*
Am un mic apartament: două dormitoare, bucătărie şi baie. – *I have a small flat: two bedrooms, kitchen and bath.*

Avem două prize în cameră. – *We have two wall plugs in the room.*
Este destul loc în bucătărie pentru frigider. – *There's plenty of room for a refrigerator in the kitchen.*
Aveți mașini cu care vă ajutați la menaj? – *Have you any labour-saving devices?*
Da, am o mașină de spălat. – *Yes, I've a washing machine.*
Aragazul miroase. – *The gas cooker smells of gas.*
Trimiteți după un muncitor să vi-l repare. – *Send for a workman to get it repaired.*
Câte camere sunt la etaj? – *How many upstairs rooms are there?*
La ce etaj locuiți? – *On which, floor do you live?*
Locuiesc la parter/la etajul cinci. – *I live on the ground-floor/on the fifth floor.*
Tocmai ne-am mutat. – *We've just moved in.*
Aș vrea să vin să vă văd casa. – *I'd like to come and see your place.*
Avem mobila în perete care este foarte practică. – *We have built-in furniture which is so practical.*
Am cumpărat aceste patru scaune separat. – *We bought these four chairs separately.*
Ardeți lemne sau cărbuni? – *Do you burn wood or coal?*
Ni s-a făcut instalație de încălzire centrală. – *We have had central heating put in.*
Ce covor frumos aveți! – *What a beautiful carpet you've got!*
Aceste carpete se asortează foarte bine cu pereții. – *These rugs really go with the colour of the walls.*
Ferestrele dau în grădină? – *Do the windows open on the garden?*
Vreți, vă rog, să trageți perdelele? – *Would you, please, draw the curtains?*
Una pentru televizor și una pentru aspirator. – *One for the television and one for the vacuum-cleaner.*
Acesta este un dormitor mic pentru oaspeți. – *This is a small bedroom for visitors.*
Cum vă place șifonierul acesta? – *How do you like this wardrobe?*
Ce masă de toaletă frumoasă aveți! – *Oh, what a beautiful dressing table you have!*
Camera aceasta pare foarte confortabilă. – *This room looks very comfortable.*

Decorația interioară a fost terminată de curând. – *The inside decoration has been finished just recently.*
Iată un divan, pături de lână și perne. – *Here are a divan-bed, woolen blankets and cushions.*
Mai putem pune și un pat pliant pentru un alt oaspete. – *We can also put up a camp-bed for another guest to sleep in.*
Acesta este pătucul copilului. – *This is our baby's cot.*
Avem apă caldă în permanență. – *We've constant hot water.*
Nu aveți o cameră de lucru (un birou)? – *Don't you have a study?*
Îngrijiți mult grădina? (Vă ocupați mult de grădină?) – *Do you take great care with your garden?*
Este așa de curată și îngrijită. – *It looks so neat and tidy.*
Iarba trebuie tăiată cu regularitate. – *The grass lawn has to be cut regularly.*
Se înțelege că nu m-aș descurca fără ajutorul soției. – *Of course, I couldn't manage it without my wife's help.*
Soția de obicei udă florile. – *My wife usually waters the flowers.*
Cred că trandafirii vor înflori foarte curând. – *I think the roses will come out very soon.*
Sunt niște straturi cu flori frumoase acolo lângă gard. – *There are some beautiful flower beds over there, at the hedge.*
Cultivați și legume în grădină? – *Do you grow vegetables in your garden as well?*
Nu, deoarece este prea multă umbră în grădină. – *No, the garden is too shady.*
Mai întâi va trebui să tăiem copacul acela. – *We'll have that tree cut down first.*
Aceasta este magazia unde țin uneltele de grădină: sape (hârlețe), săpăligi, greble, foarfece și roaba. – *This is the shed where I keep my garden-tools: spades, hoes, rakes, shears, and the wheelbarrow.*
Cum se descurcă soția dv. singură cu menajul? – *How does your wife manage all the housework?*
Uneori o rog pe soră-mea să o ajute pe soție la spălat. – *Sometimes, I ask my sister to help my wife to do the washing.*
Din când în când mai repar și eu câte ceva în casă. – *I myself do some little repairs in the house, once in a while.*

❏ CULORI. ÎNSUȘIRI – *COLOURS. QUALITIES*

Ce culoare are mașina dv.? – *What colour is your car?*
Casa mea este la fel de mare ca a lui – *My house is as large as his.*
Creionul lui George este mai mic decât acesta – *George's pencil is smaller than this.*
Prietenul dv. este mai înalt decât mine? – *Is your friend taller than me?*
Ce culoare are acest/această...? – *What colour is this...?*
alb(ă) – *white*
roșu, roșie – *red*
albastru, albastră – *blue*
cafeniu, cafenie – *brown*
verde – *green*
gri, cenușiu, cenușie – *gray*
galben(ă) – *yellow*
negru, neagră – *black*
roz – *pink*
Crezi că este...? – *Do you think this is...?*
frumos, frumoasă – *beautiful*
urât(ă) – *ugly*
mare – *big*
mic(ă) – *small*
lung(ă) – *long*
scurt(ă) – *short*
înalt(ă) – *tall*
larg(ă) – *wide*
strâmt(ă) – *tight*
subțire – *thin*
gros, groasă – *thick*

rotund(ă) – *round*
pătrat(ă) – *square*
ascuțit(ă) – *sharp*
nou(ă) – *new*
vechi, veche – *old*
curat(ă) – *clean*
bun(ă) – *good*
rău, rea – *bad*
cald(ă) – *warm*
rece – *cold*
bogat(ă) – *rich*
sărac(ă) – *poor*
fierbinte – *hot*
ieftin(ă) – *cheap*
tare – *hard*
moale – *soft*
Băiatul/fata este: – *The boy/girl is:*
flămând(ă) – *hungry*
sătul(ă) – *satiated, full*
deștept, deșteaptă – *clever*
prost, proastă – *stupid*
fericit(ă) – *happy*
nefericit(ă) – *unhappy*
Acest container/această cutie este: – *This container/box is:*
gol, goală – *empty*
plin, plină – *full*
greu, grea – *heavy*
ușor, ușoară – *light*
Această stradă e: – *This street is:*
îngustă – *narrow*
largă – *broad*
Locul acesta e...? – *Is this seat..?*
liber – *free*
ocupat – *occupied*
Mărul nu este: – *The apple is not:*
acru – *sour*
dulce – *sweet*

copt – *ripe*
crud – *raw*
Acest râu e: – *This river is:*
adânc – *deep*
neadânc – *shallow*
Vremea a fost: – *The weather has been:*
umedă – *wet*
uscată – *dry*
Ea vine totdeauna: – *She is always:*
devreme – *early*
târziu – *late*
Ulița este: – *The lane is:*
strâmbă, întortocheată – *crooked*
dreaptă – *straight*

CPSIA information can be obtained
at www.ICGtesting.com
Printed in the USA
BVHW041515110320
574726BV00023B/1384